Frankreichs Küche

Alles aus einem Topf

Frankreichs Küche

Alles aus einem Topf

JEAN-PIERRE CHALLET

und

JENNIFER DECORTE

UMSCHAU

Text, Layout und Zusammenstellung ©2008 The Madison Press Limited, Toronto
Rezepte: ©2008 Jean-Pierre Challet
Alle Fotos außer wie auf S. 191 vermerkt: Gareth Morgans
Titel der Originalausgabe: One Pot French

ISBN 978-3-86528-653-6

Produziert von Madison Press Books

Printed in China by SNP Leefung, China

Hinweis:
Die Ratschläge in diesem Buch sind von den Autoren und dem Verlag sorgfältig erwogen und geprüft, dennoch kann eine Garantie nicht übernommen werden. Eine Haftung der Autoren und des Verlags für Personen-, Sach- oder Vermögensschäden ist ausgeschlossen.

Besuchen Sie uns im Internet:
www.umschau-buchverlag.de

Inhalt

EINLEITUNG

Zu Beginn dieses Projekts habe ich mich gefragt, wie das Konzept „Alles aus einem Topf" auf die typisch französische Küche, die gemeinhin für Raffinesse und Komplexität steht, übertragen werden kann. Für die komplette Zubereitung eines Gerichts wird tatsächlich nur ein einziger Topf benötigt? Ja – zumindest meistens, denn manchmal gibt es notwendigerweise Konzeptabweichungen. Hinter dem „Alles aus einem Topf"-Konzept verbirgt sich der Gedanke, ausgefallene Gerichte alltagstauglich zuzubereiten. Einfach, aber doch besonders. Ich setze auf die Balance von einfachen und komplexen Rezepten, von bodenständiger Tradition und experimentell Verspieltem.

Kochen betört all unsere Sinne. Die Zubereitung sowie das gemeinsame Genießen eines Gerichts sind immer wunderbare Erlebnisse. Fragen Sie sich doch einmal während des Kochens, was Ihnen an einem Gericht am wichtigsten ist. Ist es die Farbe? Die Konsistenz? Das Aroma? Konzentrieren Sie sich auf diesen Bereich, versuchen Sie ihn zu verstehen und herauszuarbeiten. Das macht gute Küche aus.

Das Markante an der einfachen französischen Küche ist es, aus den verwendeten klaren, reinen Aromen durch Zugabe weiterer Zutaten sowie Anwendung spezieller Kochtechniken das Beste herauszuholen.

Müssen französische Gerichte immer gehaltvoll sein? Müssen sie zwangsläufig kompliziert in der Zubereitung sein? Ich denke, nein. Die allerwichtigsten Zutaten beim Kochen sind sicherlich Zeit sowie Aufmerksamkeit für Details. Wenn Sie dies beachten, wird das Essen aus Ihrem Topf immer ein freudiges Erlebnis für Sie und Ihre Gäste sein.

JEAN-PIERRE CHALLET

HUILE D'OLIVE
VIERGE EXTRA
VENTE ET EXPEDITIONS
HUILERIE DE LA MADELEINE

Recettes de Base
Grundrezepte

BOUQUET GARNI

Bouquet garni

Dieses Gewürz- oder Kräutersträußchen mit Lorbeerblatt, Thymian, Petersilie (und evtl. weiteren Kräutern) wird gerne als Basis in Brühen, Suppen und langsam gekochten Eintöpfen verwendet. Man wickelt die Zutaten in ein Stück grünen Lauch oder in ein Baumwolltuch und verschnürt sie mit Bindfaden. Sobald das Aroma auf das Gericht übergegangen ist, wird das Bouquet garni entfernt. Frische Kräuter schmecken am besten, können aber durch getrocknete ersetzt werden.

ZUTATEN

1 Lorbeerblatt
einige Thymianzweige
einige Petersilienzweige

WEITERE MÖGLICHE ZUTATEN

schwarze Pfefferkörner
Stangensellerie
Knoblauchzehe

FOND BLANC DE VOLAILLE

Hühnerbrühe

Wenn Brühe zu schnell kocht, kann sie trüb werden. Um dies zu vermeiden, lassen Sie sie stattdessen langsam köcheln und schöpfen Sie regelmäßig Fett und Verunreinigungen von der Oberfläche ab. Da Zitronenschale leicht bitter schmecken kann, sollten die beiden Enden abgeschnitten werden. Verwenden Sie in Brühe (oder in Suppe oder Pochierflüssigkeit) nur den mittleren Teil der Zitrone. Um Aroma in Brühen, Eintöpfe und Saucen zu bringen kann man geschälte Zwiebeln ganz, halbiert oder geviertelt mit einem Lorbeerblatt und ein bis zwei Nelken spicken. Auf diese Weise lassen sich die Gewürze außerdem leicht wieder entfernen, sobald sie ihre Aufgabe erfüllt haben. Brühe lässt sich gut einfrieren. Am besten verteilt man sie dafür auf Behälter mit je 1/2 l Inhalt.

Tipp: Hühnerkarkassen können bei den meisten Metzgern gekauft werden. Fragen Sie auch an der Fleischtheke ihres Supermarktes nach. Dort werden Suppenknochen oft zu sehr kleinem Preis verkauft.

ZUTATEN

ERGIBT 2 LITER

1 ganzes Huhn, in Stücke zerteilt
2 Hühnerbeine, zerteilt
3 Hühnerkarkassen, gehackt
2 große, milde Zwiebeln, geschält und halbiert
1 Lorbeerblatt
2 Nelken
weißer Teil von 2 Stangen Lauch, gehackt
2 Karotten, gehackt
1 Sellerieknolle, geschält und geviertelt
5 cm Ingwer, an beiden Enden abgeschnitten
1 Zitrone, beide Enden entfernt und die Mitte in Scheiben geschnitten
1 Bouquet garni (s. S. 10)
1 Knoblauchknolle, ungeschält und halbiert (nach Belieben)

Fleisch und Knochen abspülen. In einen großen Topf geben und mit kaltem Wasser vollständig bedecken. Aufkochen und sofort die Hitze reduzieren. Etwa 20–30 Min. sanft köcheln lassen, dabei regelmäßig Fett und Verunreinigungen von der Oberfläche abschöpfen. Um eine Trübung der Brühe zu verhindern, während des Kochens möglichst wenig umrühren.

Eine Zwiebelhälfte mit Lorbeerblatt und Nelken spicken, dabei die Nelken durch das Lorbeerblatt stechen.

Alle Zwiebelhälften, Lauch, Karotten, Sellerie, Ingwer, Zitronenscheiben, Bouquet garni und Knoblauch in die Brühe geben. Mindestens 3 Std. köcheln lassen.

Brühe in Behälter abseihen. Sobald sie abgekühlt ist, in den Kühlschrank stellen. Wenn die Brühe eingefroren werden soll, das fest gewordene Fett an der Oberfläche vorher entfernen. Wird sie im Kühlschrank gelagert, bildet das Fett einen luftdichten Deckel und die Brühe bleibt länger frisch. Vor dem Verwenden das Fett jedoch entfernen.

FUMET DE POISSON
Fischbrühe

ZUTATEN

ERGIBT 1 1/2 LITER

2,5 kg Fisch und Fischkarkassen, in Stücke zerteilt
1 große Zwiebel, geschält und halbiert
2 Lorbeerblätter
2 Nelken
2 EL ungesalzene Butter
4 Schalotten, gehackt
3 Zitronenscheiben, aus der Mitte der Zitrone
1 Bouquet garni (s. S. 10)
1/2 Bund glatte Petersilie
Salz

Die Fischkarkassen abspülen. Die Zwiebelhälften mit je einem Lorbeerblatt und einer Nelke spicken, dabei die Nelke durch das Lorbeerblatt stechen.

Butter in einer großen Pfanne oder einem schweren Topf auf kleiner Flamme schmelzen. Die Schalotten darin ohne Deckel andünsten, bis sie weich und glasig sind, aber noch keine Farbe angenommen haben. Fischstücke und -karkassen, halbe Zwiebeln, Zitrone, Bouquet garni und Petersilie dazugeben. Mit Salz würzen. Kaltes Wasser aufgießen, bis der Fisch bedeckt ist. Für 30 Min. köcheln lassen, dabei Verunreinigungen abschöpfen. Abseihen und abkühlen lassen.

In Behältern mit 1/2 l Inhalt bis zu 6 Monate einfrieren oder bis zu 1 Woche im Kühlschrank aufbewahren.

CONFIT DE CANARD
Enten-Confit

Entenschmalz ist in Delikatessengeschäften und bei einigen Metzgern erhältlich.
Tipp: Die Ente für dieses Rezept sollte möglichst fetthaltig sein. Planen Sie ein, dass das Fleisch über Nacht in den Gewürzen ziehen muss.

ZUTATEN

FÜR 4 PERSONEN

4 Entenkeulen mit Haut, Ober- und Unterschenkel
2 Knoblauchzehen, Spross entfernt und fein gehackt
4 EL gehackte, glatte Petersilie
Salz
850 g (ca. 1 l) Entenschmalz

Die Fleischseite (nicht die Hautseite) der Entenkeulen mit Knoblauch und Petersilie einreiben. Leicht mit Salz bestreuen, abdecken und über Nacht im Kühlschrank ziehen lassen.

Entenkeulen mit der Hautseite nach unten nebeneinander in einen schweren Topf oder in eine Auflaufform legen und Zimmertemperatur annehmen lassen.

In einem weiteren Topf das Entenschmalz auf 90 °C erhitzen. Heißes Fett nicht unbeaufsichtigt lassen. Das Fett vorsichtig über die Keulen gießen, sodass sie vollständig bedeckt sind. Mit Deckel bei geringer Hitze auf dem Herd oder bei 150 °C im Ofen 1 1/2–2 Std. garen, bis die Keulen sehr weich sind.

Entenkeulen in einen verschließbaren Glasbehälter geben und das Fett durch Abseihen von Verunreinigungen befreien. Warmes Fett über das Fleisch gießen, bis es vollständig bedeckt ist und das Fett einen luftdichten Verschluss bildet. Achten Sie darauf, Fett über die Keulen zu geben und nicht ausgetretene Fleischsäfte der Ente. Im Kühlschrank aufbewahren. Keulen nach Bedarf entnehmen und die restlichen Keulen jedes Mal wieder luftdicht verschließen, indem man das restliche fest gewordene Fett leicht erhitzt, sodass es schmilzt und alle entstandenen Lücken schließt. Um diesen Schritt zu vermeiden, kann man das Confit auch in kleineren Portionen aufbewahren. Auf diese Weise gelagert, hält es sich bis zu einem Monat.

PÂTE BRISÉE

Mürbeteig

Überschüssiger Teig kann in Klarsichtfolie gewickelt bis zu 6 Monate im Tiefkühlfach aufbewahrt werden.

ZUTATEN

ERGIBT ETWA 500 G, genug für 2 Böden à 23 cm Ø oder 20 Tartelettformen à 9 cm Ø. Ein halbes Rezept ergibt 8 Böden à 10 cm Ø.

220 g Mehl
200 g kalte, ungesalzene Butter, grob gewürfelt
1/4 TL Salz
1 Ei
2 Eigelb

In der Küchenmaschine Mehl, Butter und Salz verarbeiten, bis sie sich gerade verbunden haben. Die Konsistenz sollte an Brotkrumen erinnern. Ei, Eigelbe und 2 EL kaltes Wasser hinzufügen. Rühren, bis der Teig sich zu einem Ball formt. Der Teig sollte so schnell wie möglich verarbeitet werden. Einige Tropfen kaltes Wasser hinzufügen, wenn er zu trocken ist.

Auf eine leicht bemehlte Arbeitsfläche geben und 1–2 Min. kneten, bis der Teig glatt ist und sich leicht von der Arbeitsfläche löst. Zu einer Kugel formen und leicht flach drücken. In Klarsichtfolie einwickeln und im Kühlschrank etwa 30 Min. fest werden lassen.

Den Teig auf einer leicht bemehlten Arbeitsfläche ausrollen, dabei schnell arbeiten, damit er nicht zu weich wird. Auf die gewünschte Backform legen und mit den Fingern an Boden und Seiten drücken. Am Rand der Form etwas überstehen lassen und überschüssigen Teig abschneiden. Den Teigboden am Rand leicht erhöhen, indem man ihn zusammendrückt und nach oben zieht. Wenn der Teig dafür zu weich ist, einige Minuten in den Kühlschrank stellen. Blindbacken und nach Rezept belegen.

Blindbacken:
Für eine Form von 23 cm Ø den Ofen auf 190 °C vorheizen. Boden an mehreren Stellen mit einer Gabel einstechen, damit sich keine Blasen bilden. Backpapier darauflegen und mit speziellen Gewichten oder mit getrockneten Bohnen bzw. Reis füllen. 5 Min. backen, dann die Hitze auf 180 °C reduzieren und die Gewichte entfernen. Noch weitere 5 Min. gar backen, bis der Boden ganz leicht Farbe annimmt. Bei Tartelettformen mit 9 cm Ø die Backzeit von zweimal 5 auf jeweils 3 Min. verringern.

PÂTE SABLÉE

Süßer Mürbeteig

Überschüssiger Teig kann in Klarsichtfolie gewickelt bis zu 6 Monate im Tiefkühlfach aufbewahrt werden.

ZUTATEN

ERGIBT ETWA 500 G, genug für 2 Böden à 23 cm Ø oder 20 Tartelettformen à 9 cm Ø.
Ein halbes Rezept ergibt 8 Böden à 10 cm Ø.

220 g Mehl
125 g Zucker
2 EL Vanillezucker
1 Prise Salz
175 g kalte, ungesalzene Butter, gewürfelt
1 Ei

In der Küchenmaschine Mehl, Zucker, Vanillezucker und Salz vermischen. Butter hinzufügen und verarbeiten, bis die Zutaten sich gerade verbunden haben und die Konsistenz an Brotkrumen erinnert.

Das Ei und 1 EL kaltes Wasser hinzufügen. Rühren, bis sich alles zu einem Ball verbunden hat. Der Teig sollte so schnell wie möglich verarbeitet werden. Einige Tropfen kaltes Wasser hinzufügen, wenn er zu trocken ist.

Auf eine leicht bemehlte Arbeitsfläche geben und 1–2 Min. kneten, bis der Teig glatt ist und sich leicht von der Arbeitsfläche löst. Der Teig sollte leicht krümelig sein. Zu einer Kugel formen und leicht flach drücken. In Klarsichtfolie einwickeln und im Kühlschrank etwa 30 Min. fest werden lassen.

Den Teig auf einer leicht bemehlten Arbeitsfläche ausrollen, dabei schnell arbeiten, damit er nicht zu weich wird. Auf die gewünschte Backform legen und mit den Fingern an Boden und Seiten drücken. Am Rand der Form etwas überstehen lassen und überschüssigen Teig abschneiden. Den Teigboden am Rand leicht erhöhen, indem man ihn zusammendrückt und nach oben zieht. Wenn der Teig dafür zu weich ist, einige Minuten in den Kühlschrank stellen. Blindbacken und nach Rezept belegen.

Blindbacken:
Nachzulesen auf S. 14.

PÂTE FEUILLETÉE

Blätterteigdeckel

Eine Suppe mit Blätterteig abzudecken, macht sie ungleich attraktiver. Verwenden Sie gekühlte Suppe, sie wird im Ofen erhitzt, während der Deckel gebacken wird.

ZUTATEN

FÜR 4 PERSONEN

250 g Blätterteig

1 Ei

1 Prise Salz

Den Ofen auf 180 °C vorheizen.

Gekühlte Suppe in eine ofenfeste Schüssel geben, dabei aber nur bis 2–3 cm unter den Rand füllen.

Aus dem Blätterteig Kreise ausschneiden, deren Durchmesser etwa 5 cm größer ist als der Durchmesser der Schüssel. Teig über die Schüssel legen, die Ränder umfalten und fest andrücken.

In einer kleinen Schale das Ei mit einer Prise Salz und 2 EL Wasser verschlagen. Den Teig damit bestreichen. Im Ofen 15–20 Min. backen, bis der Teig goldbraun ist.

ROYALE

Royale-Mischung

Diese Eiermischung wird in vielen Quiches und Tartes verwendet.

Geben Sie die Mischung auf vorher blindgebackene Mürbeteigböden (s. S. 14), es sei denn, sie sind sehr klein.

ZUTATEN

ERGIBT ETWA 425 ML, genug Füllung für einen Boden mit 23 cm Ø oder 8 Böden mit 10 cm Ø.

2 Eier

2 Eigelb

1/8 l Milch

1/8 l Schlagsahne

Salz und Pfeffer

Eier, Eigelbe, Milch und Sahne leicht verschlagen. Mit Salz und Pfeffer würzen.

Den Mürbeteigboden nach Rezept (s. S. 14) zubereiten. Die Royale-Mischung über den vorher blindgebackenen Teigboden gießen, sodass die Form etwa zu zwei Dritteln gefüllt ist, es sei denn, das Rezept verlangt etwas anderes. Wie im Rezept angegeben backen.

CRÊPES

Crêpes

Wie gut Crêpes werden, hängt von der Konsistenz des Teigs und der verwendeten Pfanne ab. Eine Crêpe-Pfanne oder eine kleine, flache antihaftbeschichtete Pfanne eignen sich am besten. Klassische französische Crêpe-Pfannen haben sich seit dem 17. Jahrhundert kaum verändert. Sie werden traditionell aus Eisen hergestellt und müssen eingebrannt werden. Antihaftbeschichtete Varianten sind ebenfalls erhältlich. Crêpe-Pfannen haben einen nach oben gebogenen Griff, wodurch sich der Teig durch Schwenken leichter in der Pfanne verteilen lässt. Zum leichteren Wenden und Herausnehmen der Crêpes sind sie flach mit abschüssigen Seiten. Crêpes können in verschiedenen Größen hergestellt werden, von winzig bis tellergroß. Machen Sie sich keine Gedanken, wenn die ersten Crêpes nicht perfekt werden – man braucht etwas Übung, bis es richtig klappt.
Tipp: Für süße Crêpes einfach 1 EL Zucker zum Mehl geben.

ZUTATEN

FÜR 4–6 PERSONEN: 15–30 Crêpes, je nach Größe

200 g Mehl
1 Prise Salz
4 Eier
1/2 l Milch
50 g ungesalzene Butter, geschmolzen
Butter, zum Braten

Mehl in eine Schüssel sieben. Salz dazugeben, eine Mulde in das Mehl drücken und die Eier hineinschlagen. Die Eier in der Mitte verschlagen, dabei nach und nach mehr Mehl unterrühren, bis es vollständig mit den Eiern verarbeitet ist. Nach und nach Milch und Butter dazugeben und zu einem glatten Teig verrühren. Er sollte flüssig genug sein, um die Rückseite eines Löffels dünn zu überziehen. Wenn er zu fest ist, etwas mehr Milch dazugeben. Im Kühlschrank 30 Min. ruhen lassen.

Pfanne auf mittlerer Hitze erwärmen und ein kleines Stück Butter darin schmelzen. Die Pfanne ist heiß genug, wenn ein kleiner Tropfen Teig sofort zu zischen beginnt. Mit einer kreisförmigen Handbewegung eine Kelle Teig in die Pfanne geben. Für einen kleinen Crêpe etwa 50 ml verwenden, für einen größeren 75 ml. Die Pfanne schwenken, sodass der Boden gleichmäßig bedeckt ist. Etwa 1 Min. braten, bis der Teig stockt. Mit einer Palette vom Pfannenboden lösen und wenden. Die zweite Seite ebenfalls 1 Min. braten.

Crêpes aufeinanderstapeln, damit sie feucht und warm bleiben.

POLENTA

Polenta

Tipp: Wenn man keinen Knoblauch mag, erwärmt man einfach die Milch und gibt die Butter dazu.

ZUTATEN

ERGIBT ETWA 375 ML

1/4 l Milch
2 Knoblauchzehen
2 EL ungesalzene Butter
30 g sehr feines Maismehl
1 Ei
2 EL zerbröselter Tomme de Savoie-Käse
Salz und Pfeffer

Eine flache Auflaufform leicht einölen. In einem mittelgroßen Topf auf mittlerer Flamme die Milch mit dem Knoblauch erhitzen, bis sie gerade anfängt zu kochen. Vom Herd nehmen und 2–3 Min. ziehen lassen, bis der Knoblauchgeschmack die erwünschte Intensität erreicht hat. Die Butter hinzufügen, aufkochen und rühren, bis sie geschmolzen ist. Knoblauch herausnehmen und entfernen. Das Maismehl langsam einrieseln lassen, dabei die ganze Zeit mit einem Holzlöffel rühren, bis sich alles gut verbunden hat. Das Ei unterrühren und 1 Min. kochen lassen. Den Käse unterrühren, bis er geschmolzen ist und mit Salz und Pfeffer abschmecken.

Polentamischung in die Auflaufform geben und mit einem Löffel glatt streichen. Ohne Abdeckung etwa 1 Std. in den Kühlschrank stellen. Wenn die Polenta fest ist, mit einem Plätzchenausstecher beliebige Formen ausstechen. Die Polentaplätzchen kurz vor dem Servieren in Öl anbraten, bis sie goldbraun und heiß sind.

BEURRE COMPOSÉ AU CITRON

Zitronenbutter

ZUTATEN

ERGIBT ETWA 1/4 LITER

abgeriebene Schale von
2 ungespritzten Zitronen
250 g weiche ungesalzene Butter
Saft von 4 Zitronen
Salz und Pfeffer nach Geschmack
1 Thymianzweig,
Blätter abgezupft und fein gehackt

In einem kleinen Topf eine geringe Menge kaltes Wasser mit der Zitronenschale aufkochen. Sobald das Wasser kocht, abseihen. Diesen Vorgang dreimal wiederholen, um die Bitterstoffe der Zitronenschale zu verringern. Abgetropfte Zitronenschale abkühlen lassen.

In der Küchenmaschine Zitronenschale, Butter, Zitronensaft, Salz und Pfeffer verarbeiten, bis alles gut vermischt und cremig ist. Den Thymian unterrühren.

Klarsichtfolie auf der Arbeitsfläche ausbreiten. Zitronenbutter mit Hilfe einer Palette auf die Folie geben. Zu einer Rolle formen und die Enden der Folie zusammendrehen. Kühlen oder einfrieren und bei Bedarf Scheiben abschneiden.

MAYONNAISE

Mayonnaise

ZUTATEN

ERGIBT 1 LITER

4 Eigelb
3 EL Dijonsenf
3/4 l Traubenkernöl
6 EL oder 90 ml frisch gepresster Zitronensaft
Salz und Pfeffer

Alle Zutaten auf Zimmertemperatur erwärmen. Eigelbe und Senf in der Küchenmaschine mixen, bis sie anfangen dick zu werden. Etwa 3 EL Öl Tropfen für Tropfen dazugeben, dabei die Küchenmaschine weiter laufen lassen. Das restliche Öl bei laufendem Mixer in dünnem Strahl eingießen. Die Mayonnaise sollte dick und glänzend sein und ihre Form halten. Ganz zum Schluss Zitronensaft hinzufügen und mit Salz und Pfeffer würzen.

Aïoli (Knoblauchmayonnaise)
Am Anfang 4 oder 5 zerdrückte Knoblauchzehen zu den Eigelben und dem Senf geben.
Senfmayonnaise
Die Menge an Dijonsenf um 2 EL erhöhen.

KETCHUP AUX TOMATES MAISON

Tomatenketchup

ZUTATEN

ERGIBT 1 1/2 LITER

2 EL Traubenkernöl

1 kg rote Zwiebeln, in Ringe geschnitten

1 kg Tomaten, gehackt

1/4 l Honig

1/4 l Balsamicoessig

1 EL gemahlener Ingwer

125 g brauner Zucker

1/4 l Sherryessig

1 EL Cayennepfeffer

1 EL Paprikapulver

2 EL Dijonsenf

Salz nach Geschmack

In einem großen Topf Öl bei niedriger Hitze erwärmen. Die Zwiebeln dazugeben und dünsten, bis sie glasig und weich, aber noch nicht gebräunt sind. Die restlichen Zutaten dazugeben und 2 Std. sanft köcheln lassen. Pürieren und durch eine Seihe mit großen Löchern geben. Im Kühlschrank hält sich der Ketchup etwa 2 Wochen.

TAPENADE

Oliventapenade

ZUTATEN

Stellen Sie so viel her wie Sie benötigen, beachten Sie lediglich das Mischungsverhältnis von 3 Teilen Oliven zu 1 Teil Vinaigrette.

entsteinte schwarze Oliven in Öl
(getrocknete marokkanische oder ihre Lieblingssorte)

Zitronenvinaigrette (s. S. 27)

Oliven in der Küchenmaschine klein hacken. Zitronenvinaigrette dazugeben und den Mixer etwas länger laufen lassen. In einem verschlossenen Glas im Kühlschrank bis zu 1 Monat haltbar.

SAUCE BÉCHAMEL

Béchamelsauce

ZUTATEN

ERGIBT 1 LITER

1/2 spanische oder andere milde Zwiebel, geschält und halbiert
1 Lorbeerblatt
1 Nelke
1/2 l Vollmilch
1/2 l Schlagsahne
2 EL ungesalzene Butter
3 EL Mehl
Salz und weißer Pfeffer

Die Zwiebelhälfte teilen. Das eine Zwiebelviertel mit Lorbeerblatt und Nelke spicken. Das andere Viertel hacken. Beides in eine große Schüssel geben.

Milch und Sahne in einem großen Topf erhitzen, bis sie fast kochen. Über die Zwiebel gießen und 10 Min. ziehen lassen. Abgießen und die Zwiebeln beseitigen.

Im selben Topf Butter bei mittlerer Hitze schmelzen. Mehl einrühren und unter ständigem Rühren 2 Min. dünsten. Die Mehlschwitze sollte köcheln, aber noch nicht gebräunt sein. Nach und nach die Milch unterrühren, sodass sich keine Klümpchen bilden. Weiterrühren, bis die Sauce glatt und cremig ist. Die Hitze reduzieren und 5–10 Min. köcheln lassen, bis die Sauce einen Löffelrücken überzieht. Vom Herd nehmen und mit Salz und weißem Pfeffer abschmecken.

SAUCE ROUILLE

Rouille-Sauce

Typischerweise verwendet man für die Rouille-Sauce Piquillo-Paprika, eine spezielle spanische Paprikasorte. Wenn Sie diese Paprika nicht finden, kann sie durch die übliche rote Gemüsepaprika ersetzt werden. Beide geben der Sauce ihre typische orange-rote Farbe. Um Paprika selbst zu rösten, können Sie sie direkt auf den Brenner des Gasherdes legen oder auf einem Blech bei 200 °C im Ofen rösten. Sobald sie rundum schwarz ist, in eine Schüssel geben, mit Plastikfolie abdecken und 10 Min. stehen lassen. Durch den Dampf löst sich die Haut vom Fruchtfleisch und die Paprika lässt sich leicht schälen. Verbrannte Haut vollständig entfernen, Paprika in Stücke schneiden und Stiel und Kerne wegwerfen. Fertig geröstete Paprika im Glas gibt es in gut sortierten Supermärkten oder Delikatessenläden.

Tipp: Dressings mit Ei sollten im Kühlschrank und nicht länger als 1 Woche aufbewahrt werden.

ZUTATEN

ERGIBT ETWA 1 LITER

Saft von 2 Zitronen
1 Prise Safran
6 Knoblauchzehen, gehackt (oder nach Geschmack)
3 Eigelb
3–5 Piquillo-Paprika (oder 1–2 rote Gemüsepaprika), geröstet
1–2 EL Dijonsenf
1/2 l Olivenöl
1/4 l Traubenkernöl
Salz und weißer Pfeffer

Zitronensaft mit Safran bei niedriger Hitze erwärmen. Vom Herd nehmen und auf Zimmertemperatur abkühlen lassen.

In der Küchenmaschine Knoblauch, Eigelbe, Paprika und Senf glatt pürieren. Etwa 3 EL Olivenöl bei laufendem Mixer Tropfen für Tropfen dazugeben. Das restliche Oliven- und Traubenkernöl in dünnem Strahl einfließen lassen. Die Rouille-Sauce sollte ähnlich wie die Mayonnaise dick und glänzend sein und gerade ihre Form halten.

Zum Schluss Safran-Zitronensaft dazugeben und mit Salz und Pfeffer würzen. Im Kühlschrank abgedeckt bis zu 1 Woche haltbar.

SAUCE RAVIGOTE

Ravigot-Dressing

ZUTATEN

ERGIBT 1/2 LITER

1 Eigelb, zimmerwarm
2 Eigelb, zimmerwarm, hart gekocht
1 EL Mayonnaise (s. S. 21) oder gekauft
1 EL Dijonsenf
je 1 TL Estragon, Kerbel oder Petersilie
1/8 l Traubenkernöl
4 TL frisch gepresster Zitronensaft
Salz und Pfeffer

In der Küchenmaschine Eigelbe, Mayonnaise, Senf und Kräuter vermischen. Etwa 1 EL des Öls Tropfen für Tropfen dazugeben. Den Rest in dünnem Strahl einfließen lassen. Zitronensaft hinzufügen und mit Salz und Pfeffer abschmecken. Weiterrühren, bis die Kräuter fein gehackt sind.

Das Dressing ist im Kühlschrank etwa 1 Woche haltbar.

SAUCE MALTAISE

Maltesersauce

Malteseraauce ist eine Sauce Hollandaise mit Blutorangensaft.

ZUTATEN

ERGIBT ETWA 1/4 LITER

4 Eigelb	**Saft von 1/2 Zitrone**
175 g ungesalzene zimmerwarme Butter	**Saft von 1 Blutorange**
60 ml trockener Weißwein	**Salz und Pfeffer**

Alle Zutaten sollten Zimmertemperatur haben. Eigelbe in einer großen Metallschüssel verschlagen. Schüssel in einen mit warmem Wasser gefüllten Topf setzen und gleichmäßig rühren, damit die Eigelbe nicht stocken. Mindestens 5 Min. rühren, bis die Mischung dick wird und Fäden zieht, wenn man den Schneebesen heraushebt.

Unter ständigem Rühren eine sehr kleine Menge Butter dazugeben, dann nach und nach den Rest. Die Sauce sollte so dünnflüssig sein, dass man sie noch gießen kann, aber dick genug, um einen Holzlöffel zu überziehen. Wein und Säfte unterrühren und mit Salz und Pfeffer abschmecken.

VINAIGRETTE AU CITRON

Zitronenvinaigrette

ZUTATEN

ERGIBT 1/2 LITER

90 ml frisch gepresster Zitronensaft
3 EL Dijonsenf
300 ml Traubenkernöl
Salz und Pfeffer

Zitronensaft und Senf mit dem Mixer verschlagen. Etwa 3 EL Öl Tropfen für Tropfen dazugeben. Das restliche Öl in dünnem Strahl einfließen lassen. Mit Salz und Pfeffer abschmecken. Im Kühlschrank 1 Woche haltbar.

VINAIGRETTE AU YAOURT

Joghurtdressing

ZUTATEN

ERGIBT 375 ML

1 EL Dijonsenf
50 ml Kräuteressig nach Wahl
150 g Joghurt
1/8 l Olivenöl
50 ml Traubenkernöl
Salz und Pfeffer

Senf, Essig und Joghurt mit dem Mixer verschlagen. Etwa 2 EL Öl Tropfen für Tropfen dazugeben. Das restliche Oliven- und Traubenkernöl bei laufendem Mixer in dünnem Strahl einfließen lassen. Mit Salz und Pfeffer abschmecken. Im Kühlschrank 1 Woche haltbar.

VINAIGRETTE À LA MOUTARDE

Senfdressing

ZUTATEN

ERGIBT ETWA 1/8 LITER

2 EL Zitronensaft
6 EL oder 90 ml Traubenkernöl
1 TL Dijonsenf
1 EL Schalotten, fein gehackt
Salz und Pfeffer nach Geschmack

Alle Zutaten in einer kleinen Schüssel verrühren. Abgedeckt im Kühlschrank 1 Woche haltbar.

PISTOU DE POUSSES DE BASILIC VERT

Grünes Basilikumpesto

Dieses Pesto kann mit einem Pinsel auf dem Servierteller oder auf Fisch verteilt werden. Es passt hervorragend zu jeder Sorte Fisch. Korsischer Käse ist in Käsegeschäften erhältlich.

ZUTATEN

ERGIBT ETWA 1/4 LITER

1 Bund junges grünes Basilikum (etwa 40 Blätter)
4 Knoblauchzehen, Spross entfernt
6 EL Pinienkerne, leicht geröstet
150 ml Olivenöl
2 EL korsischer Käse, fein gerieben

Alle Zutaten in einen Blitzhacker geben und pürieren. In einem verschlossenen Glas im Kühlschrank 1 Monat haltbar.

CROÛTONS

Croutons

ZUTATEN

FÜR 4 PERSONEN

1 weißes Baguette mit Kruste
2 EL Olivenöl
1 Knoblauchzehe, halbiert (nach Belieben)
100 g Greyerzer, fein zerbröselt (nach Belieben)

Ofen auf 190 °C vorheizen.

Baguette in dünne gerade oder diagonale Scheiben schneiden. Auf ein Backblech legen und mit Olivenöl bestreichen. Im Ofen golden und knusprig backen. Herausnehmen und die warmen Croutons auf Wunsch mit Knoblauch einreiben. Den Käse sofort darüberstreuen.

Les Entrées
Vorspeisen

BRANDADE DE MORUE AUX RATTES

Stockfisch-Brandade mit Fingerkartoffeln

Brandade ist ein Püree aus Fisch oder Fleisch und weiteren Zutaten (Kartoffeln, Gemüse). Am bekanntesten ist Stockfisch-Brandade aus getrocknetem Kabeljau. In Südfrankreich verfeinert man die Brandade mit Knoblauch. Einen süßlichen, milden Knoblauchgeschmack erhält man, indem man die Sahne mit ganzen Zehen ziehen lässt.

Traditionell wird Brandade warm mit Toaststreifen zum Dippen serviert.

Tipp: Der Stockfisch muss im Kühlschrank mindestens 3 Tage in Wasser eingelegt werden, dabei sollte man das Wasser mehrmals wechseln.

ZUTATEN

FÜR 4 PERSONEN

1 große Zwiebel, geschält
1 Lorbeerblatt
1 Nelke
600 g Stockfisch o. Gräten, eingeweicht
2 Knoblauchzehen
200 ml Schlagsahne
325 ml Olivenöl
2 Fingerkartoffeln, gekocht und geschält
Saft von 1 Zitrone
1 Prise Muskat
gemahlener weißer Pfeffer
1/2 Rezept Croutons ohne Knoblauch und Käse (s. S. 29)

Den Ofen auf 180 °C vorheizen. Zwiebel mit Lorbeerblatt und Nelke spicken. Stockfisch, Zwiebel und Knoblauchzehen in einen Topf geben und mit kaltem Wasser bedecken. Erhitzen und 10–15 Min. sanft köcheln lassen, bis der Fisch weich ist. Abgießen und probieren. Wenn der Fisch noch zu salzig ist, zurück in den Topf geben, mit frischem kaltem Wasser aufgießen und weitere 5 Min. köcheln lassen. In eine Schüssel geben und zu Stücken zerpflücken. Sahne in einem kleinen Topf erhitzen, aber nicht kochen lassen. Olivenöl in einem zweiten Topf erhitzen. Stockfisch und Kartoffeln in eine Küchenmaschine geben. Pürieren und dabei nach und nach das warme Öl und anschließend die Sahne hinzufügen. Zum Schluss Zitronensaft und Muskat dazugeben und mit weißem Pfeffer würzen. Warm mit Croutons servieren.

CALAMARS À LA SÉTOISE

Tintenfisch mit Tomaten und Oliven

Tintenfisch frittiere ich lieber, als ihn zu grillen. Seine Aromen werden besser eingeschlossen, es sieht herrlich aus und das Ergebnis ist eigentlich immer gut. Das Einweichen ist wichtig, damit der Tintenfisch zart wird. Das Gericht ist nach der südfranzösischen Stadt Sete benannt.

Tipp: Planen Sie ein, dass die Tintenfische eingeweicht werden müssen. Kaufen Sie sie gesäubert und fertig zum Einweichen.

ZUTATEN

FÜR 4 PERSONEN

8 ganze Tintenfische (8–12 cm Körperlänge)
1/2 l Vollmilch
250 g Fingerkartoffeln, sauber gebürstet
500 g Strauchtomaten
2 Zitronen
2 l Pflanzenöl, zum Frittieren
6 EL oder 90 ml gutes Olivenöl
2 Knoblauchzehen, Spross entfernt und gehackt
20 Niçoise-Oliven
10 Cocktailtomaten, halbiert
Salz und Pfeffer
Mehl, zum Bestäuben
1 EL Schnittlauch, fein gehackt
1 EL glatte Petersilie, fein gehackt

Tintenfische einige Stunden oder über Nacht in der Milch einweichen, damit sie zarter werden. Abgießen und die Milch wegschütten; die Tintenfische trocken tupfen.

Kartoffeln mit kaltem Salzwasser in einen großen Topf geben und weich kochen. Abgießen und abkühlen lassen.

Strauchtomaten kurz in kochendes Wasser geben. In kaltem Wasser abschrecken, häuten und die Kerne entfernen. Fruchtfleisch in Stücke schneiden.

Die äußerste Schale der Zitronen mit einem Zestenreißer hauchdünn abschälen. Dann die Zitronen schälen und in ihre Segmente zerteilen.

Das Pflanzenöl in einer Friteuse oder einem großen Topf auf 170 °C erhitzen. In der Zwischenzeit Kartoffeln schälen und in Scheibchen schneiden. Olivenöl in einem großen Topf auf mittlerer Flamme erhitzen. Knoblauch und gehackte Strauchtomaten dazugeben und 2 Min. anbraten. Kartoffelscheiben, Oliven, Cocktailtomaten, Zitronenzesten und Zitronensegmente und 1/8 l kaltes Wasser dazugeben. Etwa 2–3 Min. sanft kochen lassen und mit Salz und Pfeffer abschmecken.

Mehl auf einen Teller geben und Tintenfische darin wenden. Überschüssiges Mehl abschütteln. Im heißen Öl etwa 2 Min. goldbraun frittieren. Auf Küchenpapier abtropfen lassen.

Tintenfische sofort in einer angewärmten Schüssel mit der Tomatenmischung servieren. Schnittlauch und Petersilie darüberstreuen.

GALETTES DE CRABE ET SA ROUILLE

Krebsfrikadellen mit Rouille-Sauce

Diese Krebsfrikadellen sind leichter als man vielleicht erwarten würde. Sie enthalten kein Mehl oder Brot, und nur die Außenseite ist mit Semmelbröseln paniert. Ich benutze gerne Panko, japanische Semmelbrösel, da diese nicht so fein gemahlen sind wie normale Semmelbrösel. Eine Vorspeise sollte für mich eine verlockende Einstimmung auf das eigentliche Essen sein. Die Gäste sollten sich von den Aromen verzaubern lassen können.

Zu diesen Frikadellen passt die Rouille-Sauce (s. S. 24), eine farbenfrohe, aromatische Beilage, von der man nur kleine Mengen braucht. Streichen Sie einen breiten Streifen mit einem Pinsel auf die Teller, legen Sie eine warme Frikadelle auf die Sauce und garnieren Sie mit etwas Salat oder einer gebratenen Garnele.

Sie können gekaufte Mayonnaise für dieses Rezept verwenden, aber der zusätzliche Aufwand für selbst gemachte Mayonnaise lohnt sich bei diesem Gericht allemal.

ZUTATEN

FÜR 4 PERSONEN

360 g Krebsfleisch
2 Korianderzweige
3 EL Mayonnaise (s. S. 21), bei Bedarf etwas mehr
2 EL gehackter eingelegter Ingwer
Salz und schwarzer Pfeffer
50 g Panko oder normale Semmelbrösel
Pflanzenöl, zum Braten

Vorsichtig überschüssige Flüssigkeit aus dem Krebsfleisch herausdrücken. Mit Koriander, Mayonnaise, eingelegtem Ingwer, Salz und einer Prise Pfeffer in die Küchenmaschine geben. Seien Sie großzügig mit der Mayonnaise – die Mischung sollte recht feucht sein.

Kurz vermischen, aber den Mixer nicht zu lange laufen lassen. Das Fleisch sollte nicht zu fein püriert sein.

Mit einem Ring von 8 cm Ø die Mischung gleichmäßig in 4 Frikadellen aufteilen. Alternativ mit einer kleineren Form 8 Frikadellen herstellen. Sie sollten weder zu dick noch zu fest zusammengepresst sein.

Panko in einer Schüssel leicht zerdrücken. Frikadellen von allen Seiten panieren und im Kühlschrank aufbewahren, bis sie benötigt werden.

Zum Braten etwas Öl in einer schweren oder antihaftbeschichteten Pfanne erhitzen. Frikadellen etwa 1 Min. pro Seite braten, bis sich eine goldene Kruste bildet und sie innen warm sind.

HUITRES À LA VODKA
DE BLEUETS SAUVAGES

Austern mit wilden Heidelbeeren, Zitrone und Wodka

Die Süße der Heidelbeeren passt perfekt zu den Austern. Für mich ist die Heidelbeere eine elegante Frucht. Sie hat eine ähnliche Konsistenz wie Kaviar und zerplatzt leicht im Mund.

ZUTATEN

FÜR 4 PERSONEN

2 EL Zucker
Zesten von 1 Zitrone
12 kleine Kaltwasseraustern
2 EL guter Wodka
50 g wilde Heidelbeeren

In einem kleinen schweren Topf Zucker und 2 EL Wasser aufkochen. Einkochen, bis ein Sirup entstanden ist. Die eine Hälfte der Zitronenzesten unterrühren, die andere Hälfte zum Garnieren aufbewahren. Vom Herd nehmen und abkühlen lassen.

Austern unter fließendem kalten Wasser sauber bürsten. Öffnen, indem man sie mit einem dicken Tuch in der Handfläche hält. Die Spitze eines Austernmessers in das Scharnier der Muschel stecken und das Messer leicht drehen. Mit dem Messer an der Innenseite des Schalendeckels entlangfahren, um den Schließmuskel zu durchtrennen. Die Schalenoberseite umgedreht auf einen Servierteller legen. Die Flüssigkeit aus der Auster ablaufen lassen, die Muschel mit der Messerspitze von der Unterschale lösen, und auf den umgedrehten Schalendeckel legen.

Austern mit Heidelbeeren und etwas Zitronenschale garnieren und mit Wodka und einem Spritzer Sirup beträufeln. Sofort servieren.

JAMBON DE BAYONNE,
TROIS MELONS, ET FIGUES
Bayonner Schinken mit Melone und Feigen

Der Trick bei diesem Gericht besteht darin, verschiedene Aromen zu kombinieren und verschiedenen Zutaten schön zu arrangieren. Verwendet werden drei verschiedene Melonensorten, wobei jede eine andere Farbe hat, und wenn sie etwa dieselbe Größe haben, sieht das auf dem Teller besonders interessant aus. Die Feigen tragen ebenfalls zum spektakulären Aussehen bei.

Bayonne ist ein roher Schinken aus dem Südwesten Frankreichs. Sein salziger Geschmack passt hervorragend zur Süße der Melonen. Er ist in Delikatessenläden und bei manchen Metzgern erhältlich.

ZUTATEN

FÜR 4 PERSONEN

1 EL Schalotten, fein gehackt
1 TL Dijonsenf
6 EL oder 90 ml extra natives Olivenöl
2 EL Banyulsessig oder Balsamicoessig
1 TL Kerbel, gehackt
1 TL Schnittlauch, fein gehackt
1/4 Cantaloupe-Melone
1/4 grüne Honigmelone
1/4 gelbe Honigmelone
4 reife, feste Feigen, in Scheiben geschnitten
6 Scheiben Bayonner Schinken, in Streifen geschnitten

In einer kleinen Metallschüssel Schalotten, Senf, Olivenöl, Essig, Kerbel und Schnittlauch verschlagen.

Alle Melonen längs halbieren. Die Enden abschneiden, schälen, entkernen und in dünne Scheiben schneiden.

Zum Servieren die Melonenstücke optisch ansprechend auf Tellern anordnen, z. B. als Fächer mit abwechselnden Farben. Feigen und Schinken darauf verteilen und das Dressing darüberträufeln.

CHAMPIGNONS FARCIS
AU CHÈVRE D'HERBES
Mit Ziegenkäse und Kräutern gefüllte Pilze

Dies ist ein sehr untypisches Pilzrezept. Es erinnert mich an ein Sandwich ohne Brot. Die Aromen passen hervorragend zusammen, doch Ihre Gäste werden vermutlich eher die überraschende Konsistenz kommentieren. Ein ausgezeichnetes Rezept für den Winter, wenn frisches Gemüse weniger leicht erhältlich ist.

Servieren Sie dieses Gericht als Vorspeise oder leichtes Mittagessen, beträufelt mit Zitronenvinaigrette (s. S. 27) und einem kleinen grünen Salat oder dem Wintersalat mit geröstetem Gemüse (s. S. 78).

ZUTATEN

FÜR 4 PERSONEN

8 große braune Champignons, etwa 8 cm Ø
16 Shiitake-Pilze, etwa 5 cm Ø
3 EL extra natives Olivenöl
Salz und Pfeffer
2 Schalotten, fein gehackt
2 EL ungesalzene Butter
250 g weicher Ziegenkäse
1 EL Schnittlauch, fein gehackt
1 EL Petersilie, fein gehackt

Stiele der Pilze herausschneiden und entfernen. Mit einem Teelöffel die Lamellen herauskratzen und ebenfalls entfernen. Hüte mit Küchenpapier reinigen.

Pilzhüte in 1 EL Olivenöl in einer Pfanne bei mittlerer Hitze anbraten. Mit Salz und Pfeffer würzen, vom Herd nehmen und abkühlen lassen. In einem offenen Topf bei schwacher Hitze die Schalotten in Butter glasig dünsten. Ziegenkäse in eine kleine Schüssel bröseln. Die warmen Schalotten, Schnittlauch und Petersilie unterrühren. Die restlichen 2 EL Olivenöl dazugeben, dabei rühren, bis die Mischung cremig ist. Wenn die Pilze abgekühlt sind, vorsichtig mit dem Käse füllen. Nicht zu viel hineingeben, sonst laufen sie aus, sobald man sie erhitzt. Jeweils einen zweiten Pilzhut als Deckel aufsetzen. Im Kühlschrank aufbewahren, bis sie benötigt werden. Auf ein Blech mit Backpapier geben und im vorgeheizten Ofen bei 160 °C etwa 3–5 Min. erhitzen. Sofort servieren.

ROULADE D'ENDIVE ET SAUMON

FUMÉ AUX DEUX CAVIARS

Räucherlachs in Chicoréeroulade mit Kaviar

Diese Zubereitungsvariante des Chicorées empfinde ich als äußerst innovativ. Die bittere Note des Chicorées wird hierbei mit dem süßlichen Aroma des Lachses kombiniert – ein ungewöhnliches und eindrucksvolles Geschmackserlebnis.

ZUTATEN

FÜR 4 PERSONEN

3 große Chicoréestauden
1/2 l Vollmilch
2 EL Mayonnaise (s. S. 21)
1 EL fein gehackter eingelegter Ingwer
1 EL Kerbel, grob gehackt
200 g Räucherlachs
1 EL Lachskaviar
1 EL echter Kaviar zum Garnieren

Zerrissene äußere Blätter der Chicoréestauden entfernen. Blätter mit einem Messer nahe der Wurzel durchtrennen und vorsichtig abschälen. Kleinere Blätter und Herz entfernen. Es sollten genug größere Blätter übrig bleiben, um sie wieder zu zwei Stauden zusammenzusetzen. Milch in eine tiefe Schüssel geben. Die Chicoréeblätter darin einweichen und 1 Std. oder am besten über Nacht ziehen lassen. Für das Dressing Mayonnaise, eingelegten Ingwer und die Hälfte des Kerbels in einer Schüssel vermischen und beiseitestellen. Chicorée aus der Milch nehmen und trocken tupfen. Ein Stück Lachs auf eines der größeren Blätter legen und ein weiteres Blatt darauflegen. Chicorée und Lachs abwechselnd ineinanderschichten, bis aus der Hälfte der Blätter und des Lachses wieder eine Chicoréestaude entstanden ist. Diese mit Folie fest umwickeln und an den Enden zusammendrehen. Mit restlichen Blättern und Lachs eine zweite Staude herstellen. Damit die Roulade ihre Form hält, vor dem Servieren mindestens 1 Std. kühlen. Zum Servieren auswickeln, die Enden abschneiden und entfernen und jeden Chicorée quer in 4 Stücke schneiden. Jeweils 2 Stücke auf einen chinesischen Löffel legen und einen kleinen Klecks Mayonnaisedressing daraufgeben. Mit beiden Kaviarsorten und restlichem Kerbel garnieren.

STEAK TARTARE

Tatar

Geschmack und Konsistenz von Fleisch und Dressing harmonieren in diesem Rezept wunderbar und ergeben ein herrlich frisches Gericht. Traditionell werden für dieses Gericht Kapern verwendet. Ich ersetze sie jedoch durch saure Gurken – erstens, weil ich sie lieber mag und zweitens, weil ich finde, dass der intensive Geschmack von Kapern die restlichen Aromen überdeckt. Außerdem füge ich Cognac hinzu, da er durch seine komplexen Aromen den Fleischgeschmack hervorragend intensiviert.

ZUTATEN

FÜR 4 PERSONEN

1 Eigelb
2 EL Schalotten, fein gehackt
2 EL Dijonsenf
1 Spritzer Tabascosauce
1 Spritzer Worcestersauce
2 EL Traubenkernöl
1 EL Cognac
Salz und Pfeffer
1 EL Petersilie, fein gehackt
500 g Rinderfilet
2 EL saure Gurken, fein gehackt
20 dünne Scheiben Baguette, getoastet oder gegrillt

Für das Dressing Eigelb, Schalotten und Senf in eine große Metallschüssel geben. Mit Tabasco- und Worcestersauce verschlagen. Unter langsamem Rühren Öl und Cognac dazugeben. Mit etwas Salz, Pfeffer und Petersilie würzen.

Fett, Adern und silbrige Häutchen vom Fleisch entfernen. Mit der Faserrichtung in dünne Scheiben, dann quer zur Faser in sehr kleine Stücke (3 mm oder kleiner) schneiden. In die Schüssel geben und mit dem Dressing vermengen. Saure Gurken und restliche Petersilie unterrühren und mit Salz und Pfeffer abschmecken.

Fleisch gleichmäßig auf 4 gekühlte Teller verteilen, dabei mit zwei Löffeln zu Nocken formen oder mit einem Ring in Form bringen. Toast neben dem Tatar arrangieren und sofort servieren.

Soupes
Suppen

SOUPE DE POISSONS
AUX CROÛTONS ET ROUILLE

Fischsuppe mit Rouille-Croutons

Dies ist das einzige würzige Gericht, das ich an heißen Tagen essen kann. Die Aromen sind so aufeinander abgestimmt, dass es immer angenehm zu essen ist. Das leuchtende Orange der Suppe macht sie außerdem zum absoluten Blickfang auf dem Tisch. Mit einem Blätterteigdeckel (s. S. 16) lässt sie sich – wie übrigens all meine Suppen – wunderbar aufpeppen.

ZUTATEN

FÜR 4 PERSONEN

4 ganze Wittlinge à 600 g, ausgenommen, aber nicht geschuppt
2 EL Olivenöl
1 mittelgroße Zwiebel, in Scheiben
6 mittelgroße Schalotten, in Scheiben
4 Knoblauchzehen, zerdrückt
1/4 große Fenchelknolle, in Scheiben
weißer Teil von 1 Stange Lauch, in Scheiben
2 Stangensellerie, gehackt
1 Lorbeerblatt
1 große Tomate, geschält, entkernt und gehackt
5 Petersilienzweige
4 Thymianzweige
Salz und Pfeffer
Saft und abgeriebene Schale von 1/4 Orange
1/2 TL Safran

Für die Rouille-Croutons:

4 Scheiben Baguette
100 g französischer Emmentaler, fein gerieben
Rouille-Sauce (s. S. 24)

Fische in große Stücke oder quer in Steaks schneiden, dabei Kopf und Schwanz aufbewahren. Öl in einem schweren Topf auf mittlerer Flamme erhitzen. Fisch mit Kopf und Schwanz hineingeben und 2 Min. sanft anbraten.

Zwiebel, Schalotten und Knoblauch dazugeben und 1 Min. mitbraten. Fenchel, Lauch, Sellerie und Lorbeerblatt hinzufügen. Ohne Deckel dünsten bis das Gemüse weich, aber noch nicht gebräunt ist. Tomate unterrühren, dann Petersilie und Thymian dazugeben. Mit Salz und Pfeffer würzen.

Orangensaft, -schale und Safran unterrühren und mit kochendem Wasser auffüllen, bis alle Zutaten bedeckt sind. Etwa 15–20 Min. sanft köcheln, bis die Fischstücke auseinanderfallen. Pürieren und durch ein feines Sieb gießen.

Für die Garnitur die Baguettescheiben toasten, mit Rouille-Sauce bestreichen und mit Emmentaler bestreuen.

Suppe in angewärmte Suppenschalen füllen. Je ein Crouton darauflegen und sofort servieren.

POISSON À LA PLANCHA

Bouillabaisse mit gebratenem Fisch

Am besten schmeckt dieses mediterrane Gericht, wenn man nicht allzu sehr auf Tischmanieren achtet. Traditionell wird es in einer einzigen Schüssel mitten auf dem Tisch serviert und man isst gemeinsam daraus. Ein jeder versucht, die besten Stücke zu ergattern, und dabei ist es erlaubt, mit vollem Mund zu sprechen. Man kann Croutons (s. S. 29) und geraspelten Greyerzer sowie Rouille-Sauce (s. S. 24) oder aber Dijonsenf dazu servieren. ***Tipp:** Bitten Sie Ihren Fischhändler, den Fisch auszunehmen, zu filetieren und die Schuppen zu entfernen. Wickeln Sie den Fisch in Plastikfolie ein und bewahren Sie ihn im Kühlschrank auf. Der Fischhändler kann Ihnen für dieses Rezept auch die Fischkarkassen mitgeben.*

ZUTATEN

FÜR 4 PERSONEN

- 3 Schalotten
- 1/2 mittelgroße Zwiebel
- 1/2 kleine Sellerieknolle
- 1/4 Fenchelknolle
- weißer Teil von 1 Stange Lauch, in Scheiben
- 1 Orange
- 1 ganzer Red Snapper (1/2–1 kg), filetiert
- 1 ganzer Streifenbarsch (1 kg), filetiert
- 150 ml Olivenöl
- 500 g Fischkarkassen
- 3 Knoblauchzehen, Spross entfernt
- 8 Petersilienzweige
- 2 Thymianzweige
- 1 Lorbeerblatt
- 1 Prise Safran
- 2 EL Tomatenmark
- 2 Kartoffeln (Yukon Gold)
- Salz und Pfeffer

Für das Röstgemüse, das der Suppe ihren Geschmack gibt, Schalotten, Zwiebel, Sellerie, Fenchel und Lauch hacken.

Mit einem Gemüseschäler die Orange dünn abschälen, dabei möglichst wenig von der weißen Innenhaut entfernen.

Etwa zwei Drittel des Olivenöls in einem schweren Topf auf mittlerer Flamme erhitzen. Sobald es heiß ist, die Fischkarkassen hineingeben. Einige Minuten andünsten, aber nicht bräunen lassen. Röstgemüse, Knoblauch, Orangenschale, Petersilie, Thymian, Lorbeerblatt und Safran dazugeben und einige Minuten andünsten.

Das Tomatenmark unterrühren. Genug Wasser hinzufügen, um den Fisch gerade zu bedecken. Die Bouillabaisse auf mittlerer Flamme erhitzen, bis sie zu sieden beginnt. Abdecken und 30 Min. köcheln lassen. Fischkarkassen und Röstgemüse aussieben und entfernen. Mit Salz und Pfeffer würzen.

In der Zwischenzeit die Kartoffeln schälen und in 2,5 cm große Würfel schneiden. In einen großen Topf mit kaltem Salzwasser geben und weich kochen. Abgießen und beiseitestellen.

Alle Fischfilets halbieren. Das restliche Olivenöl in einer großen Pfanne auf mittlerer Flamme erhitzen. Die Fischfilets darin goldbraun anbraten.

Kartoffeln in die Bouillabaisse geben und erhitzen. Abschmecken, in heiße, flache Schalen füllen und mit Fisch garnieren.

BISQUE DE HOMARD, CREVETTES
ET GINGEMBRE

Hummercremesuppe mit Garnelen und Ingwer

Werfen Sie niemals die Schalen weg, wenn Sie einen Hummer zubereiten. In ihnen steckt so viel Aroma, dass es sich immer lohnt, eine Suppe daraus zu kochen. Meine Suppe wird zudem mit Weißwein, Cognac und Pernod verfeinert.

ZUTATEN

FÜR 4 PERSONEN

Für die Hummerbrühe:

weißer Teil von 1 Stange Lauch, gehackt
1 EL Olivenöl
1 Knoblauchknolle, ungeschält und halbiert
1 1/2 l Fischbrühe (s. S. 12) oder fertig gekauft
3 Strauchtomaten
4 Estragonzweige
2,5 cm Ingwer, geschält

Für die Cremesuppe:

750 g Hummer (frisch oder tiefgekühlt)
75 ml Olivenöl
1 Karotte, gehackt
1 Zwiebel, gehackt
4 Strauchtomaten, gehackt
1 EL Tomatenmark
1/2 l trockener Weißwein
1/8 l Cognac
1/2 Fenchelknolle, gehackt
1 Bouquet garni (s. S. 10)
1 glatter Petersilienzweig, fein gehackt
2 Scheiben weiches Weißbrot, entrindet und gewürfelt
2 EL Pernod
50 ml Crème fraîche
Salz und Pfeffer
50 g ungesalzene Butter (nach Belieben)
4 gekochte Garnelen, geschält
Ingwer, zum Garnieren

Für die Brühe Lauch in Olivenöl 1 Min. andünsten. Knoblauch hinzufügen und 1 Min. dünsten. Fischbrühe, Tomaten, Estragon und Ingwer dazugeben und 5 Min. sanft köcheln lassen.

Hummer in 5 cm große Stücke schneiden. In einem Bräter die Hummerstücke in 75 ml Olivenöl etwa 2 Min. anbraten. Karotten, Zwiebel, Tomaten und Tomatenmark dazugeben und weitere 2 Min. braten. Die Brühe hinzugießen.

Wein und Cognac in einen kleinen, schweren Topf gießen. Mit einem Streichholz anzünden, um den Alkohol abbrennen zu lassen. Sobald die Flamme ausgegangen ist, in die Hummerbrühe gießen. Fenchel, Bouquet garni und Petersilie unterrühren und 30 Min. köcheln lassen.

Das Bouquet garni entfernen. Suppe in der Küchenmaschine pürieren und zurück in den Topf geben. Brot, Pernod und Crème fraîche unterrühren und 15 Min. köcheln lassen. Pürieren und durch ein Sieb streichen. Mit Salz und Pfeffer abschmecken. Zum Abschluss nach Wunsch direkt vor dem Servieren die Butter unterrühren.

Zum Servieren eine Garnele in jede Suppenschale legen und mit einer kleinen Menge frisch geriebenem oder sehr fein gehacktem Ingwer bestreuen. Die Suppe darübergeben und sofort servieren.

BOURRIDE DE LOUP DE MER

Wolfsbarscheintopf

Die Behauptung, dass man Mayonnaise nicht heiß servieren kann, ist falsch. Diese köstliche Suppe hat eine Mayonnaisebasis und ist so dick, dass sie auch als Sauce serviert werden könnte.

ZUTATEN

FÜR 4 PERSONEN

2 Wolfsbarsche (à 500–750 g), filetiert, Köpfe, Schwänze, Haut aufbewahren
1 Karotte, grob gehackt
1 Zwiebel, grob gewürfelt
1 Stange Lauch, geputzt und halbiert
2 Knoblauchzehen
1 Scheibe Orange
1/2 l Fischbrühe (s. S. 12) oder gekauft
1/2 l trockener Weißwein
2 Baby-Karotten, gesäubert und längs halbiert, mit grünem Krautansatz
1/4 mittelgroße Sellerieknolle, gewürfelt
1 Schalotte, gewürfelt
1 Prise Safran
1/8 l Knoblauchmayonnaise (s. S. 21)
Saft von 1 Zitrone

Um die Pochierflüssigkeit herzustellen, Köpfe, Schwänze, Fischhaut und Gräten in einen großen Topf geben. Karotte, Zwiebel, Lauch, Knoblauch, Orangenscheibe, Fischbrühe und Wein dazugeben. Erhitzen und 30 Min. sanft köcheln lassen. Durch ein Sieb gießen, und alle festen Bestandteile entfernen. Die Flüssigkeit zurück in den Topf geben. Baby-Karotten, Sellerie, Schalotte und Safran hinzufügen. Etwa 5 Min. kochen, bis das Gemüse gerade weich ist. Abgießen, die Flüssigkeit zurück in den Topf geben und das Gemüse mit Alufolie abgedeckt beiseitestellen, damit es warm bleibt. Brühe wieder erhitzen, bis sie gerade siedet, und die Fischfilets darin 2 Min. pochieren.

Mit einem Schaumlöffel herausheben und zum Gemüse geben. Fischreste absieben und Suppe wieder erhitzen. Knoblauchmayonnaise und Zitronensaft unterschlagen. Sofort servieren, solange Fisch und Gemüse noch heiß sind. Eine Schicht Gemüse in eine angewärmte Suppenschale geben, ein Filet darauflegen und mit Brühe auffüllen. Nach Wunsch Croutons (s. S. 29) oder Klößchen aus Stockfisch-Brandade (s. S. 32) dazu servieren.

SOUPE DE CAROTTES NOUVELLES
ET FOURME D'AMBERT AUX NOIX DE PACANES
Karottensuppe mit gerösteten Pekannüssen und Fourme d'Ambert-Käse

Die Süße der Karotten harmoniert hervorragend mit den Nüssen. Der Blauschimmelkäse Fourme d'Ambert kommt aus der vom Vulkanismus geprägten Region Auvergne in Zentralfrankreich und setzt einen überraschenden Akzent.

ZUTATEN

FÜR 4 PERSONEN

1 kg junge Karotten, geschält
1 mittelgroße Zwiebel, gehackt
50 g ungesalzene Butter
2 Fingerkartoffeln, geschält und gewürfelt
1 l Wasser oder Hühnerbrühe (s. S. 10)
1 Thymianzweig
weißer und hellgrüner Teil von 1 Stange Lauch, gehackt
2 EL Schlagsahne
Salz und Pfeffer

Zum Garnieren:
etwa eine Handvoll Pekannusshälften
2 EL Ahornsirup
80 g Fourme d'Ambert-Käse
1 EL Schnittlauch, gehackt

4 Karotten längs halbieren, den Rest würfeln.

Zwiebeln in der Hälfte der Butter in einer Pfanne ohne Deckel auf kleiner Flamme weich und glasig dünsten. Gewürfelte Karotten dazugeben und 2–3 Min. mitdünsten. Kartoffeln, Wasser oder Brühe und Thymian dazugeben und 10 Min. köcheln lassen.

Die 8 Karottenhälften in der Brühe 2–3 Min. pochieren – sie sollten noch fest und nicht ganz gar sein. Herausnehmen, beiseitestellen und warm halten.

Den Ofen auf 200 °C vorheizen.

Lauch in die Brühe geben und 5 Min. köcheln lassen. Den Thymianzweig herausnehmen. Brühe pürieren, die restliche Butter und die Sahne dazugeben und mit Salz und Pfeffer abschmecken. In der Zwischenzeit Pekannüsse mit Ahornsirup vermischen und auf ein mit Backpapier ausgelegtes Blech geben. Im vorgeheizten Ofen bei 200 °C etwa 5 Min. rösten, bis die Nüsse glänzen und duften.

Suppe in angewärmte tiefe Teller füllen. In die Mitte jedes Tellers 2 halbe Karotten zu einem X legen oder einfach auf der Suppe schwimmen lassen. Fourme d'Ambert-Käse auf die Mitte des Kreuzes bröseln und warme Pekannüsse darauf verteilen. Sofort servieren.

CRÈME DE CHAMPIGNONS
ET CHANTERELLES

Champignoncremesuppe mit Pfifferlingen

Gewöhnliche kleine, helle und billige Champignons sind für dieses Rezept am besten. Dunklere mit intensiverem Geschmack überdecken das zarte Aroma der Pfifferlinge und wären hier zu viel des Guten.

ZUTATEN

FÜR 4 PERSONEN

100 g Pfifferlinge,
in dicke Scheiben geschnitten
2 EL ungesalzene Butter
zzgl. 1 EL Butter nach Belieben
2 Schalotten, in Scheiben
1 Fingerkartoffel,
geschält und klein gewürfelt
200 g kleine weiße Champignons,
in Scheiben
1 Bouquet garni (s. S. 10)
Salz und Pfeffer
weißer Teil von 1 Stange Lauch,
in Scheiben
1/8 l Schlagsahne
Schnittlauchröllchen, zum Garnieren

Pfifferlinge in einer Pfanne in 1 EL Butter weich dünsten. Vom Herd nehmen und als Garnitur beiseitestellen.

In einem schweren Topf Schalotten in 1 EL Butter anbraten. Kartoffeln und Champignons hinzufügen und 1 Min. braten. Etwa 1/2 l Wasser, gerade genug um alles zu bedecken, und das Bouquet garni dazugeben. Mit Salz und Pfeffer würzen und 10 Min. sanft köcheln lassen. Lauch und Sahne unterrühren. Weitere 5 Min. köcheln lassen, dann das Bouquet garni entfernen.

Die Suppe sehr glatt pürieren und nach Wunsch 1 EL Butter für mehr Aroma unterrühren.

In angewärmte Schalen füllen, einige Pfifferlinge in die Mitte geben und mit Schnittlauchröllchen bestreut servieren.

CRÈME DE MAÏS

Maiscremesuppe

In jenem Teil von Frankreich, aus dem ich stammte, sehen die Bauern Mais nicht als Nahrungsmittel für Menschen an. Das fand ich immer verrückt, und deshalb habe ich dieses Rezept entwickelt. Es ist sehr vielseitig und kann mit verschiedenen Beilagen serviert werden, z. B. mit Tomatenscheiben, kleinen Krebsfrikadellen (s. S. 36), gebratenen Polentaschnitten (s. S. 19) oder sogar mit gebratenen Garnelen.

ZUTATEN

FÜR 4 PERSONEN

4 Maiskolben
1 l kalte Milch
1/2 milde Zwiebel, gehackt
1 Bund Thymian
1 Korianderzweig
weißer Teil von 1 Stange Lauch, gehackt
Salz und Pfeffer
Schnittlauch oder andere Kräuter, fein gehackt, zum Garnieren

Maiskolben von den Blättern befreien, die Körner abschneiden und Kolben und Körner in einen großen Suppentopf geben. Milch, Zwiebel, Thymian und Koriander dazugeben und alles 15 Min. köcheln lassen.

Lauch hinzufügen, mit Salz und Pfeffer würzen und weitere 5 Min. köcheln. Maiskolben herausnehmen, Suppe pürieren und durch ein Sieb gießen. Mit Salz und Pfeffer abschmecken.

In angewärmte Schalen geben und mit Schnittlauchröllchen oder anderen Kräutern garnieren.

POTAGE ST-GERMAIN ET
POMMES DE TERRE CONFITES

Erbsencremesuppe mit Erbsenpüree und Fingerkartoffel-Confit

Die große Freude am Kochen mit Gemüse der Saison besteht darin, dass die Zutaten eine unübertreffliche Qualität aufweisen. In diesem Fall ist es das intensive Grün und der fantastische Geschmack der frischen jungen Gartenerbsen. Der beste Frühlingsbote, den ich kenne!

***Tipp:** Entenschmalz ist in Delikatessenläden und bei Metzgern erhältlich. In einem verschlossenen Behälter kann man es im Kühlschrank gut aufbewahren.*

ZUTATEN

FÜR 4 PERSONEN

Für das Gewürzsäckchen:

1 Lorbeerblatt
3 Thymianzweige
3 Pfefferkörner, zerdrückt
2 Knoblauchzehen
1 TL Ingwer, geschält und frisch gerieben

Für die Erbsensuppe:

100 g Schweinebauch am Stück, gewürfelt
50 g ungesalzene Butter
4 Perlzwiebeln, in Scheiben
900 g frische oder tiefgekühlte Erbsen, ohne Hülsen
1 Bund Bohnenkraut
1 Bund glatte Petersilie, Blätter abgezupft
1/2 l Wasser oder Hühnerbrühe (s. S. 10), in jedem Fall genug, um alles zu bedecken
50 ml Schlagsahne
5 große Fingerkartoffeln, gekocht und geschält
1/2 TL Schnittlauch, fein gehackt
Salz und Pfeffer
1 EL Kerbel, gehackt

Für das Kartoffel-Confit:

100 g Entenschmalz

Meersalz für die Kartoffelgarnitur (nach Belieben)

Salz und Pfeffer

Alle Zutaten für das Gewürzsäckchen in ein kleines Baumwolltuch wickeln und mit Bindfaden verschnüren.

Den Schweinebauch 1 Min. in kochendem Wasser blanchieren und abgießen.

Einen schweren Topf auf mittlerer Flamme erhitzen. Die Hälfte der Butter, den Schweinebauch und die Zwiebeln hineingeben. Anbraten, bis die Zwiebeln weich und glasig sind. Erbsen, Bohnenkraut, Petersilie und das Gewürzsäckchen dazugeben. Mit Wasser oder Brühe bedecken und 15 Min. sanft köcheln lassen.

Das Gewürzsäckchen entfernen. Etwa 4 EL Erbsen in eine kleine Schale geben und beiseitestellen. Den Rest pürieren, die Sahne dazugeben und warm halten.

Für das Erbsenpüree die restliche Butter und 1 Kartoffel zu den 4 EL Erbsen geben. Mit einer Gabel zerdrücken. Schnittlauch unterrühren und mit Salz und Pfeffer abschmecken. Mit Plastikfolie abdecken und beiseitestellen.

Für das Kartoffel-Confit die restlichen 4 Kartoffeln in 3 mm dicke Scheiben schneiden. In einer Pfanne auf mittlerer Flamme im Entenschmalz braten, bis sie leicht Farbe annehmen. Aus dem Fett nehmen und auf Küchenpapier abtropfen lassen. Nach Wunsch mit Meersalz bestreuen.

Ein Viertel des Erbsenpürees zu 4 Klößchen formen, und jeweils eins in jeden der 4 Suppenteller geben. Vorsichtig die heiße Suppe dazugeben – das Erbsenpüree sollte in der Suppe schwimmen, nicht ertrinken. Etwas Kartoffel-Confit darauf verteilen, mit Kerbel bestreuen und sofort servieren.

VICHYSSOISE

Kartoffel-Lauch-Suppe

Vichyssoise ist die bekannteste, jedoch auch die am häufigsten schlecht gekochte französische Suppe der Welt. Urteilen Sie nicht darüber, bis Sie sie selbst zubereitet haben. Ich versuche, sowohl der Tradition als auch den Zutaten Ehre zu erweisen, und das Beste aus Kartoffeln und Lauch herauszuholen. Wenn sie richtig gekocht ist, vervollständigen sich die Aromen gegenseitig. Probieren Sie dieses Rezept einmal aus, dann wissen Sie, wie eine gute Vichyssoise schmecken sollte.

Servieren Sie diese Suppe gekühlt in flachen Schalen. Wenn Sie möchten, können Sie einen kleinen Löffel Kartoffelsalat mit Radieschen (s. S. 118) in die Mitte geben. Bestreuen Sie alles mit Schnittlauchröllchen. Die Suppe kann aber auch heiß mit einem pochierten Ei in der Mitte serviert werden.

ZUTATEN

FÜR 4 PERSONEN

2 Schalotten, in Scheiben
weißer Teil von 2 Stangen Lauch, in Scheiben
50 g ungesalzene Butter
3 mittelgroße Kartoffeln (Yukon Gold), geschält und klein gewürfelt
1 1/2 l Wasser
1 Bouquet garni (s. S. 10)
150 ml Schlagsahne
Salz und Pfeffer

Schalotten und Lauch in Butter in einer Pfanne auf kleiner Flamme ohne Deckel glasig dünsten, aber nicht bräunen lassen. Kartoffeln, Wasser und Bouquet garni dazugeben und in etwa 15 Min. weich kochen. Das Bouquet garni entfernen. Mit einem Pürierstab pürieren. Die Sahne dazugeben und erneut pürieren. Mit Salz und Pfeffer abschmecken.

SOUPE DE TOMATES PETIT DÉJEUNER

Frühstückstomatensuppe

Suppe zum Frühstück? Ja, so begann mein Großvater tatsächlich jeden Tag. Er gab immer Wein in die Suppe, aber dieses Rezept ist familienfreundlicher und stellt ein heute ungewöhnliches Wochenendfrühstück vor, das so ungewöhnlich nicht sein sollte.

ZUTATEN

FÜR 4 PERSONEN

2 EL Olivenöl
1 rote Zwiebel, in Scheiben
1 Schalotte, in Scheiben
2 Knoblauchzehen, halbiert und Spross entfernt
1 kg reife Tomaten, in Stücke geschnitten
1 Bouquet garni (s. S. 10)
2 EL Honig
1 Basilikumzweig
Salz und Pfeffer
2 EL gutes Olivenöl (nach Belieben)
6 Cocktailtomaten, halbiert (nach Belieben)
Schnittlauch, fein gehackt, zum Garnieren

Olivenöl in einem schweren Topf erhitzen. Zwiebel und Schalotte darin 2 Min. leicht andünsten. Knoblauch hinzufügen und 1 Min. dünsten. Tomaten, Bouquet garni, Honig und Basilikum hineingeben. Etwa 30 Min. sanft köcheln lassen, nach der Hälfte der Zeit mit Salz und Pfeffer würzen. Bouquet garni und Basilikum entfernen.

Suppe pürieren und durch ein Sieb streichen. Nach Wunsch Olivenöl für zusätzliches Aroma unterrühren. Abschmecken und evtl. nachwürzen.

Großzügige Portionen der Suppe in angewärmte Suppenschalen füllen. Halbierte Cocktailtomaten in die Mitte geben, nach Wunsch mit etwas Maltesersauce beträufeln (s. S. 26) und mit Schnittlauchröllchen bestreuen.

SOUPE À L'OIGNON GRATINÉE

Französische Zwiebelsuppe

Eines der bekanntesten und besten französischen Gerichte! Zwei verbreitete falsche Annahmen, die diese fantastische Speise immer wieder in Frage stellen, legen zugrunde, dass die Brühe keine Rolle spiele und Zwiebeln gleich Zwiebeln seien. Tatsächlich ist die Brühe die Basis für den ausgewogenen Geschmack. Die Zwiebeln sollten mild und unaufdringlich sein und dürfen die Brühe geschmacklich nicht überdecken. Probieren Sie dieses Rezept, ich bin mir sicher, Sie werden es mögen.

ZUTATEN

FÜR 4 PERSONEN

2 EL ungesalzene Butter
4 große milde Zwiebeln, in Scheiben geschnitten
1 EL Mehl
1 l Hühnerbrühe (s. S. 10) oder fertig gekauft
2 EL Weinbrand
2 EL Portwein
1 Bouquet garni (s. S. 10)

Zum Belegen:

1 Baguette, in Scheiben
1 Knoblauchzehe, halbiert
100 g Greyerzer, gerieben

Butter in einem großen Suppentopf auf mittlerer Flamme erhitzen. Zwiebeln hineingeben und goldbraun anbraten. Das Mehl darüberstreuen und 1 Min. dünsten, dabei mit einem Holzlöffel rühren. Hühnerbrühe, Weinbrand, Portwein und Bouquet garni unterrühren. Zugedeckt etwa 30 Min. sanft köcheln lassen. Baguettescheiben mit der Schnittseite der Knoblauchzehen einreiben und mit Käse bestreuen.

Suppe in warme, schwere, ofenfeste Schalen füllen und mit einer Baguettescheibe abdecken. Unter den Grill stellen, bis der Käse geschmolzen und leicht gebräunt ist. Sofort servieren.

Mustard Pommery
It was in the year 1760 that a superior of the ancient religious order of Meaux transmitted to the Pommery family the secret recipe of their marvelous speciality "Moutarde des Chanoines" the "Abbot's Mustard"
This mustard has been served at the tables of the kings of France since 1632.
HUIC CONDIMENTO EST IMPERARE OMNIBUS CIBIS
A.D. 1632
MUSTARDA
LES ASSAISONNEMENTS BRIARDS
MARQUES DÉPOSÉES
MOUTARDE DE MEAUX
POMMERY
AROMATISÉE AU VINAIGRE FIN
NET 17.60 OZ

Salades et Sandwiches
Salate und Sandwiches

SALADE DE CREVETTES DE MATANES
À L'AVOCAT ET PAMPLEMOUSSE
Krabben-Grapefruit-Cocktail

Die Zutaten entlarven dieses Rezept als mediterran und die Frische macht es zum perfekten Sommergericht. Der Geschmack, den man mit selbst gemachter Mayonnaise und ebensolchem Ketchup erhält, ist den zeitlichen Aufwand auf jeden Fall wert.

ZUTATEN

FÜR 4 PERSONEN

2 rosa Grapefruits
2 mittelgroße Avocados
2 EL Zitronen-Vinaigrette (s. S. 27)
200 g gekochte Krabben
1/8 l Mayonnaise (s. S. 21)
2 EL Tomatenketchup (s. S. 22)
1 EL Weinbrand
1 hart gekochtes Ei
1 EL Schnittlauch, fein gehackt

Grapefruits schälen und in Segmente zerteilen, trocken tupfen und beiseitestellen. Avocados halbieren, schälen und die Kerne entfernen. Mit Zitronenvinaigrette bestreichen und beiseitestellen.

In einer Schüssel Krabben, Mayonnaise, Ketchup und Weinbrand vermischen. Die Grapefruitsegmente unterheben. Die Hälfte der Mischung auf 4 Teller verteilen. Jeweils eine halbe Avocado mit der Schnittseite nach oben daraufsetzen. Mit dem restlichen Krabbencocktail füllen. Das hart gekochte Ei darüberbröseln, mit Schnittlauch bestreuen und servieren.

SALADE D'ENDIVES AU GRUYÈRE
ET JAMBON

Chicorée mit Greyerzer und Schinken

Außerhalb Europas ist Chicorée relativ unbekannt – dabei ist er ein so interessantes und leckeres Gemüse. Benutzen Sie Milch, wenn Sie Chicorée waschen, das nimmt ihm einen Teil der Bitterstoffe.

***Tipp:** Chicorée kann Stunden im Voraus zubereitet werden. Wenn man die geschnittenen Blätter in Milch legt, verhindert das Verfärbungen und mildert den leicht bitteren Geschmack.*

ZUTATEN

FÜR 4 PERSONEN

6 Chicoréeblätter
1/2 l Milch
20 Pekannusshälften
4 EL Greyerzer, gewürfelt
4 EL gekochter Schinken, gewürfelt
1/8 l Senfdressing (s. S. 28)

Chicoréeblätter mit einem scharfen Messer an der Wurzel abschneiden. In Milch einweichen, bis er benötigt wird. Vor dem Verwenden trocken tupfen und in mundgerechte Stücke zupfen.

In einer Pfanne ohne Fett auf mittlerer Flamme die Nüsse rösten. Herausnehmen und abkühlen lassen.

Greyerzer, Schinken und Chicorée mit dem Senfdressing und der Hälfte der Pekannüsse vermischen. Auf vier Teller verteilen, mit den restlichen Nüssen garnieren und sofort servieren.

SALADE COMPOSÉE AU MAÏS

Gemischter Salat mit Mais

Mais ist eine ungewöhnliche Zutat in Frankreich, aber seine Süße passt hervorragend zu diesem Salat, insbesondere zu den gebratenen Shiitake-Pilzen.

ZUTATEN

FÜR 4 PERSONEN

eine Handvoll Shiitake-Pilze, entstielt
2 EL Olivenöl
Salz und Pfeffer
1 Kopf Romanasalat
100 g frische Maiskörner
1 Avocado, geschält, entkernt und gewürfelt
1/2 englische oder kernlose Gurke, geschält und gewürfelt
200 g Cocktailtomaten, in Stücke geschnitten
50 g geröstete Paprika oder Piquillo-Paprika (s. S. 24), fein gehackt
3–4 EL Joghurtdressing (s. S. 27)

Olivenöl in einer Pfanne erhitzen und die Pilze darin weich und goldbraun braten. Mit Salz und Pfeffer würzen, vom Herd nehmen und zum Abkühlen beiseitestellen.

Die äußeren Blätter des Romanasalats entfernen. Die kleinen, inneren Blätter waschen und trocken schütteln.

Salatblätter, Mais, Avocado, Gurke, Tomaten, Paprika und Pilze in einer Schüssel vermischen. Joghurtdressing unterheben und sofort servieren.

SALADE LYONNAISE
AUX PETITS LARDONS

Löwenzahnsalat mit Speck und pochiertem Ei

In vielen Ländern wird Löwenzahn nur als lästiges Unkraut angesehen. In Frankreich ist das anders. Dort tummeln sich im Frühling viele Sammler auf den Wiesen und halten nach wildem Löwenzahn Ausschau. Und in Lyon gibt es diesen Salat in jedem Restaurant.

***Tipp:** Von der Sherry-Vinaigrette lässt sich beliebig viel herstellen. Berücksichtigen Sie lediglich das Mischverhältnis von einem Teil Essig zu 3 Teilen Öl und passen Sie die Senfmenge nach Geschmack an. Im Kühlschrank hält sich das Dressing 1 Woche.*

ZUTATEN

FÜR 4 PERSONEN

Für die Sherry-Vinaigrette:

1 EL Sherryessig
3 EL Traubenkernöl
1 Schalotte, fein gehackt
1 EL Dijonsenf

Für den Salat:

50 g Speck (vom Schweinebauch)
1 heller Friséesalat
1 großer Bund Löwenzahn
1 Schalotte, gewürfelt
4 pochierte Eier, zum Garnieren
1 EL glatte Petersilie, fein gehackt
1 EL Schnittlauch, fein gehackt

Für die Vinaigrette Essig, Öl, Schalotte und Senf in einer kleinen Schüssel verschlagen. Speck in 2,5 cm × 5 mm × 5 mm große Streifen schneiden. Jeder Streifen sollte Fett und Fleisch enthalten.

Friséesalatblätter sowie Löwenzahnblätter waschen, trocken tupfen und zerpflücken. Vermischen und auf 4 Teller verteilen.

Speck in kochendem Wasser 1 Min. blanchieren und abgießen. In einer Pfanne auf mittlerer Flamme etwas auslassen. Die Schalotte hinzufügen und weich braten. Auf einen Teller geben und warm halten.

Die Vinaigrette in die heiße Pfanne geben und mit einem Holzlöffel die Bratreste vom Boden der Pfanne kratzen.

Auf jeden Salat ein heißes pochiertes Ei legen. Mit der Speck-Schalotten-Mischung bestreuen und die warme Vinaigrette darübergießen. Mit Schnittlauch und Petersilie garniert servieren.

SALADE D'HARICOTS VERTS

Grüner Bohnensalat

Meine Mutter bereitete diesen Salat oft für Picknicks zu und ich liebte ihn. Die Marinade nimmt den Bohnen zwar einen Teil ihrer Farbe, lässt sie aber ihren Geschmack voll entfalten. Der Salat ist frisch und verwöhnt den Gaumen.

ZUTATEN

FÜR 4 PERSONEN

900 g französische grüne Bohnen
1/8 l Senfdressing (s. S. 28)
1 Knoblauchzehe, Spross entfernt und fein gehackt
1 EL glatte Petersilie, fein gehackt
3 Schalotten, geschält und in dünnen Scheiben
Salz und Pfeffer
1 TL Schnittlauch, fein gehackt

Grüne Bohnen in einem großen Topf Salzwasser 3–5 Min. kochen, bis sie gar, aber noch nicht weich sind – sie sollten ihre Form noch halten, aber nicht zu knackig sein. Die Bohnen 2 Min. in kaltem Wasser abschrecken, damit sie nicht weitergaren. Sobald sie abgekühlt sind, aus dem Wasser nehmen, trocken tupfen und beiseitestellen.

In einer großen Schüssel Senfdressing, Knoblauch und Petersilie vermischen. Vorsichtig unter die Bohnen und Schalotten heben und bei Zimmertemperatur oder an einem kühlen Ort mindestens 30 Min. ziehen lassen.

Mit Salz und Pfeffer abschmecken, vorsichtig vermengen und mit Schnittlauchröllchen bestreut servieren.

SALADE D'HIVER AUX LÉGUMES RÔTIS

Salat mit geröstetem Wintergemüse

Im Winter mag die Auswahl an einheimischem Gemüse nicht so groß sein, aber dadurch sollte man sich nicht eingeschränkt fühlen. Dieser Salat passt ausgezeichnet in die kalte Jahreszeit, schmeckt deshalb aber nicht weniger gut als Sommersalat.

Servieren Sie ihn als Salat mit ihrem Lieblingsdressing, als ganze Mahlzeit mit einem Tomatensalat oder grünen Salat oder verwenden Sie ihn als Beilage zu Fisch oder Lammfleisch.

ZUTATEN

FÜR 4 PERSONEN

2 EL Olivenöl
1 Bund Thymian
1 Bund glatte Petersilie, fein gehackt
1 Prise gemahlener Ingwer
1 Prise Zimt
Salz und Pfeffer
8 Baby-Karotten, längs halbiert
2 Pastinaken, längs halbiert
1 weiße Rübe, geschält und in 8 Halbmonde zerteilt
1/2 Butternut-Kürbis, geschält und in 8 Stücke zerteilt
1/2 Sellerieknolle, geschält und in 8 Halbmonde zerteilt
1 Süßkartoffel, geschält und längs in 8 Stücke zerteilt
1 rote Zwiebel, in Scheiben

Ofen auf 200 °C vorheizen. Olivenöl, Thymian, Petersilie, Ingwer, Zimt, Salz und Pfeffer in einer Schüssel vermischen. Das Gemüse in dieser Marinade wenden, sodass es rundum mit Öl überzogen ist.

Auf einem großen Backblech ausbreiten und 20–30 Min. backen, bis alles weich und goldbraun ist. Warm oder lauwarm servieren.

SALADE VERTE AUX HERBES

Einfacher grüner Salat mit Kräutern

Ein Salat kann einfach oder kompliziert sein. Die Qualität der Zutaten ist in jedem Fall ausschlaggebend. Das stimmt umso mehr, je einfacher der Salat ist. Bei einem gemischten grünen Salat müssen Frische und Aroma ihren großen Auftritt haben. Dieser Salat schmeckt solo oder als Beilage zu Kartoffeln.

ZUTATEN

FÜR 4 PERSONEN

2 Knoblauchzehen, Spross entfernt und sehr fein gehackt
4 EL Zitronen-Vinaigrette (s. S. 27)
1 Kopfsalat, in große Stücke zerpflückt
1 Handvoll Feldsalat
1 Kopf heller Friséesalat, in mittelgroße Stücke zerpflückt
1 Romanaherz, gehackt
1 Bund Kerbel, Blätter abgezupft
2 EL glatte Petersilie, fein gehackt
1 Bund Kerbel, Blätter abgezupft
2 EL Schnittlauch, fein gehackt

Den fein gehackten Knoblauch unter die Zitronen-Vinaigrette rühren und beiseitestellen.

Die verschiedenen Salatblätter (Kopfsalat, Feldsalat, Friséesalat und Romanaherz) waschen und trocken schütteln.

Salat mit Dressing und der Hälfte der Kräuter vermischen. Auf Teller verteilen und mit den restlichen Kräutern bestreut sofort servieren.

SALADE DE ROMAINE AUX
BAIES SÉCHÉES

Romanasalat mit getrockneten Früchten

Auch diesen Salat bereite ich vor allem im Winter zu. Der konzentrierte Geschmack der getrockneten Früchte ist eine echte Belohnung! Und mit selbst getrockneten Früchten schmeckt er noch besser.

ZUTATEN

FÜR 4 PERSONEN

2 Köpfe Romanasalat
2 Royal Gala-Äpfel
75 ml Ravigot-Dressing (s. S. 25)
1 EL getrocknete Kirschen, halbiert
1 EL getrocknete Heidelbeeren
1 EL getrocknete Cranberries, halbiert

Die äußeren Blätter des Romanasalats entfernen. Die kleinen inneren Blätter waschen und trocken schütteln. Die Äpfel würfeln und vorsichtig mit Salat und Dressing vermengen. Mit den restlichen getrockneten Früchten garnieren und sofort servieren.

SANDWICH DE CANARD MARINÉ
AUX CHAMPIGNONS

Sandwich mit gegrillter Ente und marinierten Pilzen

Wenn man gegrillte Ente als Zutat für andere Gerichte verwendet, sollte man sie fertig kaufen, z. B. beim China-Imbiss.

Um Geschmack und Konsistenz der Pilze richtig hinzubekommen, sollte man eine recht großzügige Menge herstellen. Was zu viel ist, kann wie Relish verwendet werden: z. B. auf einem Sandwich mit Ziegenkäse oder als Garnitur. Geben Sie etwas davon in eine Suppenschale und füllen Sie mit Champignoncremesuppe (s. S. 57) auf.

ZUTATEN

FÜR 4 PERSONEN

Für die marinierten Pilze:

1 großer brauner Champignon ohne Stiel
4 Shiitake-Pilze ohne Stiel
2 EL Olivenöl
2 Zitronenscheiben
1 Knoblauchzehe
1 Thymianzweig

Für die Sandwiches:

1/2 gegrillte Ente
1 EL Mayonnaise (s. S. 21)
1 TL gehackter eingelegter Ingwer
4 TL ungesalzene Butter
8 Scheiben Vollkornbrot
4 TL marinierte Pilze

Mit einem Teelöffel die Lamellen aus dem Champignon kratzen. Den Deckel fein hacken. Shiitake-Pilze in Scheiben schneiden.

Pilze in einer Pfanne in der Hälfte des Olivenöls auf mittlerer Flamme braten, bis sie leicht gebräunt sind. Das restliche Öl, Zitrone, Knoblauch und Thymian dazugeben. 10 Min. erwärmen, vom Herd nehmen und beiseitestellen, damit die Pilze abkühlen und das Öl den Geschmack annehmen kann. Pilze und Öl in ein Glas mit Schraubverschluss geben und im Kühlschrank aufbewahren, bis sie benötigt werden.

Für die Sandwiches das Fleisch von den Knochen entfernen und mit einer Gabel zerpflücken. Mit der Mayonnaise und dem Ingwer vermischen.

Brot auf beiden Seiten mit Butter bestreichen. Eine Schicht Pilze auf 4 der Scheiben streichen. Die Entenmischung darauf verteilen und mit einem zweiten Brot abdecken. In einem Sandwich-Maker oder in einer Pfanne auf mittlerer Flamme grillen, bis die Sandwiches goldbraun sind. Heiß servieren.

SANDWICH GRILLÉ AUX TROIS
FROMAGES ET BEURRE D'HERBES

Gegrilltes Drei-Käse-Sandwich mit Kräuterbutter

Wie kann dieses einfache Rezept verbessert werden? Die Antwort liegt natürlich im Käse und im Brot. Mit diesem Sandwich können Kinder entdecken, dass Käse mehr ist als einzeln verpackte Scheiben. In mundgerechte Stücke geschnitten, sind diese Sandwiches leckere Appetithäppchen für Erwachsene.

ZUTATEN

FÜR 4 PERSONEN

Für die Kräuterbutter:

125 g ungesalzene weiche Butter
1 EL glatte Petersilie, fein gehackt
1 EL Kerbel, fein gehackt
Salz und Pfeffer

Für die Sandwiches:

8 Scheiben weiches Sandwichbrot
115 g Ossau Iraty-Käse, in Scheiben
115 g Briekäse, in Scheiben
15 g Ziegenkäse

Für die Kräuterbutter alle Zutaten in einer kleinen Schüssel miteinander verrühren. Die Brotscheiben damit bestreichen. Auf 4 Brotscheiben je eine Scheibe Ossau Iraty, eine Scheibe Brie und obenauf etwas zerbröselten Ziegenkäse geben und die restlichen Brote darauflegen. In einer antihaftbeschichteten Pfanne beide Seiten der Sandwiches grillen, bis der Käse weich und das Brot goldbraun ist. Brotrinden entfernen, in Stücke schneiden und servieren.

CROQUE MONSIEUR ET
CROQUE MADAME

Schinken-Käse-Sandwich mit Béchamelsauce

Dieses einfache Mittagessen gibt es in Bistros in ganz Frankreich. Es ist leicht zuzubereiten und so viel leckerer als einfach nur belegtes Brot. Für das Eierbrot wird das Brot in gequirltes Ei getaucht und dann ausgebacken.

ZUTATEN

FÜR 4 PERSONEN

2 EL Butter
8 Scheiben Eierbrot
8 dünne Scheiben gekochter Schinken
4 Scheiben Greyerzer
1/2 l Béchamelsauce (s. S. 23)
200 g Greyerzer, gerieben

Brotscheiben mit Butter bestreichen. Je 2 Scheiben Schinken und 1 Scheibe Käse auf 4 der Brotscheiben legen. Mit 2 EL Béchamelsauce und einer zweiten Brotscheibe abschließen. Jedes Sandwich mit weiteren 2 EL Béchamelsauce bestreichen und ein Viertel des geriebenen Greyerzers darauf streuen. Im Ofen grillen, bis der Käse Blasen wirft und leicht gebräunt ist. Sofort servieren.

PISSALADIÈRE AU SAUMON FRAIS

Pissaladière mit Zwiebeln und frischem Lachs

Diese klassische Tarte ist eine bekannte Spezialität aus Nizza und schindet immer Eindruck. Neben den in Scheiben geschnittenen Zwiebeln und den schwarzen Oliven wird sie typischerweise mit Sardellenfilets zubereitet. Etwas Ravigot-Dressing (s. S. 25) bringt zusätzliche Farbe und einen herrlichen Kräutergeschmack.

***Tipp:** Wenn Sie den Teig nicht selbst herstellen wollen, benutzen Sie 1 Scheibe gekauften Blätterteig. Rollen Sie ihn einige Male, um die Schichten etwas flacher zu machen, aber nicht zu oft, da der Teig etwas aufgehen sollte. Mürbeteig (s. S. 14) kann ebenfalls verwendet werden.*

ZUTATEN

FÜR 4–6 PERSONEN

Für den Teig:

2 TL Trockenhefe
170 g Mehl
1 TL Zucker
1 TL Salz
3 Eier

Für den Belag:

4 TL extra natives Olivenöl
500 g gelbe Zwiebeln, in dünnen Scheiben
1 TL frischer Thymian, gehackt
Salz und Pfeffer
4 EL Oliventapenade (s. S. 22), oder nach Geschmack
8–12 Anchovisfilets
50 g gehackte Oliven (marokkanische in Öl oder andere schwarze Oliven)
400 g Lachsfilet, ohne Haut, in dünne Scheiben geschnitten
4 TL extra natives Olivenöl zum Beträufeln
1 EL glatte Petersilie, fein gehackt

Hefe in 1 EL warmem Wasser auflösen. Mehl auf eine Arbeitsfläche sieben und eine Mulde in die Mitte drücken. Salz und Zucker auf das Mehl geben, aber nicht in die Mulde rieseln lassen. Hefe in die Mulde geben. Zwei Eier in die Mulde schlagen und mit den Fingern mit Mehl und Hefe vermischen. Nach und nach mehr Mehl einarbeiten, bis ein weicher, nicht mehr klebriger Teig entstanden ist. Kneten, bis der Teig ganz glatt ist.

Teig in eine leicht geölte oder bemehlte Metallschüssel geben und mit Plastikfolie abdecken. An einem warmen Ort etwa 1 Std. gehen lassen, bis er seine Größe verdoppelt hat. Die Luft herausschlagen, einmal zusammenfalten und wieder in Folie einwickeln. Im Kühlschrank aufbewahren, bis er benötigt wird.

Für den Belag Öl in einer Pfanne auf kleiner Flamme erhitzen und die Zwiebeln darin sanft dünsten, bis sie glasig und weich, aber noch nicht gebräunt sind. Thymian, Salz und Pfeffer unterrühren. 1 Min. rühren, vom Herd nehmen und beiseitestellen.

Ofen auf 200 °C vorheizen. Ein großes Backblech einfetten. Auf einer leicht bemehlten Fläche den Teig zur gewünschten Form ausrollen und auf das Blech legen.

Restliches Ei mit einer Prise Salz und 2 EL kaltem Wasser verschlagen. Den äußeren Rand des Teigs (etwa 1 cm) damit bestreichen.

Teig mehrfach mit einer Gabel einstechen. Tapenade auf dem Teig verstreichen, die Ränder aber frei lassen. Die gedünsteten Zwiebeln darauf verteilen. Anchovis als kreuzförmiges Muster darauf anordnen und die Oliven dekorativ rundherum verteilen.

Etwa 10 Min. backen. Aus dem Ofen nehmen und den Lachs darauf verteilen. Weitere 3–5 Min. backen, bis der Rand gerade Farbe annimmt. Etwas Olivenöl und nach Wunsch Ravigot-Dressing darüberträufeln, mit Petersilie bestreuen und warm servieren.

PAN BAGNAT

Nizzasalat-Sandwich

Dieses saftige Sandwich ist vor allem rund um Nizza in Südfrankreich beliebt. Das Dressing wird vom Brot aufgesaugt und die Aromen sind intensiv und köstlich.

ZUTATEN

FÜR 4 PERSONEN

100 g französische grüne Bohnen
2 Strauchtomaten, in Spalten oder Scheiben geschnitten
2 Fingerkartoffeln, gekocht, geschält und in dünne Scheiben geschnitten
1 geröstete rote Paprika oder Piquillo-Paprika, gehäutet und gehackt **(s. S. 24)**
2 Schalotten, gewürfelt
1–2 Knoblauchzehen, zerdrückt
24 schwarze Oliven, entkernt und halbiert
4 Anchovisfilets
2 hart gekochte Eier, in Scheiben
1 EL glatte Petersilie, fein gehackt
1 EL Schnittlauch, fein gehackt
1 kleinblättriger Basilikumzweig, Blätter abgezupft
Salz und Pfeffer
50 ml Olivenöl
4 große Brioche- oder Milchbrötchen
4 Kopfsalatblätter

Die Enden der Bohnen abbrechen. In kochendem Salzwasser 2–3 Min. blanchieren, bis sie gar, aber noch knackig sind. Sofort in Eiswasser abschrecken, abgießen und trocken tupfen. Längs halbieren.

Für den Salat in einer großen Schüssel alle Zutaten bis auf Brot und Kopfsalat vorsichtig vermischen. Bei Zimmertemperatur 30 Min. ziehen lassen, damit sich die Aromen entfalten können.

Brioche- oder Milchbrötchen aufschneiden, 2–3 Löffel des Salats auf die untere Brötchenhälfte geben, ein Salatblatt darauflegen und mit der oberen Brötchenhälfte abdecken.

Servieren Sie die Sandwiches mit Besteck, da die feuchte Füllung sich in das Brot saugt.

Oeufs et Fromages
Eier und Käse

OEUFS COCOTTE, PURÉE DE TOMATE ET TOMME

Eier im Näpfchen mit Tomaten und Käse

Eier im Näpfchen werden in feuerfesten Förmchen zubereitet, die ein oder zwei Eier fassen. Sie sind einfach herzustellen und man kann leicht aromatische Zutaten wie Tomatensauce, Käse oder eine kleine Scheibe Schinken dazugeben. Tomme de Savoie ist in den meisten Käsegeschäften erhältlich.

ZUTATEN

FÜR 2–4 PERSONEN

3 EL ungesalzene Butter
100 g Tomme de Savoie-Käse, gerieben
4 EL Tomatensauce, glatt, ohne Stücke
Salz und Pfeffer
4 Eier

Ofen auf 160 °C vorheizen. Kleine feuerfeste Förmchen mit Butter einfetten. Käse hineinstreuen und die Tomatensauce auf die Förmchen verteilen. Mit Salz und Pfeffer würzen. Eier vorsichtig auf die Tomatensauce gleiten lassen, das Eigelb sollte intakt bleiben. Nach Belieben würzen.

Auf ein tiefes Blech oder in eine Auflaufform stellen und heißes Wasser einfüllen, sodass die Förmchen bis zu einer Höhe von zwei Dritteln im Wasser stehen. Etwa 5–7 Min. backen, bis das Eiweiß gerade gestockt ist. Nicht zu lange im Ofen lassen: Die Förmchen halten die Hitze und garen die Eier noch 1–2 Min. weiter, nachdem man sie aus dem Ofen genommen hat. In den Förmchen servieren.

OMELETTE AU CHABICHOU
ET HERBES FRAÎCHES
Gefaltetes Omelett mit Chabichou und frischen Kräutern

Wenn ich einen Koch für mein Restaurant einstelle, bitte ich die eingeladenen Bewerber stets, mir ein Omelett zuzubereiten. Hinter einem solch einfachen Gericht kann man sich nicht verstecken. Ein Omelett sollte federleicht und hellgelb ohne Bräunung sein. Bei einem gefalteten Omelett liegt die Füllung zwischen den beiden Eischichten.

Chabichou ist ein Ziegenkäse aus der Region um Poitiers in Frankreichs südlichem Loire-Tal. Wenn er reif ist, schmeckt er süßlich und nach Ziege, im Abgang würzig und leicht salzig – ideal, um ein Omelett zu verfeinern. Petersilie und Kerbel vervollständigen hier die Kräuternote des Käses. Chabichou ist in gut sortierten Käsegeschäften erhältlich.

ZUTATEN

FÜR 4 PERSONEN

200 g gekühlter Chabichou du Poitou
8 Eier
75 ml Milch
2 glatte Petersilienzweige, Blätter fein gehackt
4 Kerbelzweige, Blätter abgezupft
Salz und Pfeffer
2 EL ungesalzene Butter zzgl. Butter, zum Bestreichen
8 Schnittlauchhalme, fein gehackt

Den Käse solange er kalt ist in 5 mm dicke Scheiben schneiden. Beiseitestellen und Zimmertemperatur annehmen lassen. In einer Schüssel Eier, Milch, die Hälfte der Petersilie und ein Viertel des Kerbels leicht verschlagen und mit Salz und Pfeffer würzen. Butter in einer Pfanne schmelzen, die Eier hineingeben und 1 Min. vorsichtig mit einem Holzlöffel rühren. Dann 1 weitere Min. rühren, ohne das Ei stocken zu lassen. Pfanne leicht schwenken, damit das ungestockte Ei zum Rand fließen kann. Weitergaren, bis das Omelett fast vollständig gestockt ist. Die eine Hälfte des Omeletts mit Käse bedecken. Die Seiten vorsichtig ablösen und mit einem Spatel oder Holzlöffel die andere Hälfte über den Käse falten. Zum Abschluss das gefaltete Omelett mit Butter bestreichen, damit es glänzt, und mit der restlichen Petersilie, dem Kerbel und dem gehackten Schnittlauch bestreuen.

OEUFS BROUILLÉS AUX
TRUFFES NOIRES

Rührei mit schwarzen Trüffeln

Manche einfachen Gerichte sind so perfekt, dass die Qualität ihrer Zutaten glänzen kann und eine Balance erreicht wird, die man in vielen komplizierten Rezepten nicht findet. Bei Eiern bietet es sich an, mit unaufdringlichen Aromen zu arbeiten, die den Eigengeschmack der Eier nicht überdecken. Rührei mit Trüffel (oder mit Kaviar und saurer Sahne) verwandelt ein Alltagsgericht in Haute cuisine. Ebenfalls sehr gut zu Eiern passen Räucherlachs, Spargel und Schinken. Diese können schon während des Garens hinzugefügt werden, wenn die Eier teilweise gestockt sind. Frische Kräuter passen ebenfalls gut und können direkt unter das rohe Ei gerührt werden. Beginnen Sie mit einfachen Kombinationen und experimentieren Sie dann mit lokal erhältlichen anderen Zutaten.

ZUTATEN

FÜR 4 PERSONEN

12 mittelgroße Eier
Salz und Pfeffer
50 g ungesalzene Butter
1 EL Schlagsahne
2 TL gehobelte schwarze Trüffel

Eier in einer großen Schüssel leicht verschlagen und mit Salz und Pfeffer würzen.

Butter über einem Wasserbad schmelzen. Eier hinzufügen und sehr sanft unter ständigem Rühren mit einem Holzlöffel oder Schneebesen garen. Sobald die Eier cremig werden, die Sahne unterrühren. Von der Hitze nehmen (die Eier garen noch weiter) und rühren, bis die gewünschte Konsistenz erreicht ist. Trüffel unterrühren und sofort servieren.

TARTELETTE AU CHÈVRE ET
ÉCHALOTES CONFITES

Ziegenkäse-Tarte mit karamellisierten Schalotten

Mir macht es großen Spaß, meine Gäste mit intensiven Aromen zu überraschen. Bei diesem Rezept sind Überraschung und Genuss vorprogrammiert. Wenn die intensiven, aber hervorragend zusammenpassenden Aromen gut ausbalanciert sind, entsteht eine dritte, außergewöhnliche Dimension. Tomatenscheiben oder ein grüner Salat passen gut zu diesen Tartes.

ZUTATEN

FÜR 4 PERSONEN (8 Förmchen à 10 cm Ø oder 1 Form à 23 cm Ø)

250 g Mürbeteig (s. S. 14) oder
1 großes Blatt gekaufter Blätterteig
2 große Schalotten, in Scheiben
2 EL Zucker
75 ml Banyuls- oder Balsamicoessig
115 g weicher Ziegenkäse
1/8–1/4 l Royale-Mischung (s. S. 17), oder genug, um die Tartes zu zwei Dritteln zu füllen
1 EL Schnittlauch, fein gehackt

Mürbeteig vorbereiten und nach Rezept blindbacken (s. S. 14).

In einem schweren Topf Schalotten, Zucker und Essig aufkochen. Die Hitze reduzieren und sanft köcheln lassen, bis die Flüssigkeit fast vollständig verdampft ist. Vom Herd nehmen und abkühlen lassen.

Schalotten auf die Böden verteilen. Ziegenkäse gleichmäßig darüberbröseln. Die Royale-Mischung auf die Böden gießen, sodass diese zu zwei Dritteln bedeckt sind.

Bei 180 °C im Ofen 8–10 Min. backen, bis die Royale-Mischung gestockt ist und der Teig eine helle goldbraune Färbung angenommen hat. Eine große Tarte etwa 10–15 Min. backen. Mit Schnittlauch bestreuen und servieren.

TARTE DE POIREAUX AU BRIE

Lauch-Tarte mit Brie

Lauch und Brie sind Grundnahrungsmittel in Nordfrankreich; dieses Gericht ist somit ein typisches Mittagessen in Paris. Man sagt, dass Lauch „der Spargel der Armen" sei. Dieses Gericht beweist, dass ein wunderbarer Geschmack unabhängig vom Budget ist.

ZUTATEN

FÜR 4 PERSONEN (1 Form à 23 cm Ø oder 8 Förmchen à 10 cm Ø)

250 g Mürbeteig (s. S. 14) oder 1 großes Blatt gekaufter Blätterteig
2 große Schalotten, gewürfelt
1 Stange Lauch, weißer und hellgrüner Teil in Scheiben geschnitten
50 g ungesalzene Butter
Salz und Pfeffer
400 g Brie, mit Rinde, in Scheiben geschnitten
1/4 l Royale-Mischung (s. S. 17), oder genug, um die Tartes zu zwei Dritteln zu füllen
Schnittlauch, fein gehackt, zum Garnieren

Mürbeteig vorbereiten und nach Rezept blindbacken (s. S. 14). Dann Ofentemperatur auf 160 °C reduzieren.

In einer antihaftbeschichteten Pfanne ohne Deckel auf kleiner Flamme die Schalotten und den Lauch in Butter weich und glasig dünsten. Mit Salz und Pfeffer würzen und in die warme Mürbeteigform geben. Die Briescheiben auf dem Gemüse verteilen. Die Royale-Mischung auf die Böden gießen, sodass diese zu zwei Dritteln bedeckt sind.

Große Tarte etwa 10–15 Min. backen, bis die Royale-Mischung gestockt ist und der Teig leicht Farbe annimmt. Kleinere Tartes 8–10 Min. backen. Mit gehacktem Schnittlauch bestreuen.

QUICHE LORRAINE ET
JAMBON DE BAYONNE

Quiche Lorraine mit Bayonner Schinken

Bei diesem Rezept ist meine Variante der traditionellen Version sehr ähnlich. Besonders wichtig ist es mir, frische Zutaten zu verwenden. Der Unterschied zur traditionellen Variante liegt darin, dass ich Emmentaler verwende und Zwiebel sowie Schinken hinzufüge. Zu dieser Quiche passt ein grüner Salat.

ZUTATEN

FÜR 4 PERSONEN (8 Förmchen à 10 cm Ø oder 1 Form à 23 cm Ø)

250 g Mürbeteig (s. S. 14) oder 1 großes Blatt gekaufter Blätterteig
250 g Speck (vom Schweinebauch)
1/2 Zwiebel, gehackt
Salz und Pfeffer
100 g Emmentaler, fein gerieben
1/4 l Royale-Mischung (s. S. 17), oder genug, um die Tartes zu zwei Dritteln zu füllen
100 g Bayonner Schinken, in Scheiben

Mürbeteig vorbereiten und nach Rezept blindbacken (s. S. 14).

Speck in ca. 2,5 cm x 6 mm x 6 mm große Streifen schneiden, die jeweils etwas Fleisch und Fett enthalten. In kochendem Wasser 1 Min. blanchieren.

In einer antihaftbeschichteten Pfanne auf mittlerer Flamme den Speck auslassen. Die Zwiebel dazugeben und weich und glasig dünsten. Mit Salz und Pfeffer würzen und überschüssiges Fett abgießen.

Emmentaler mit der Zwiebel-Speck-Mischung verrühren und auf die gebackenen Mürbeteigförmchen verteilen. Die Royale-Mischung auf die Böden gießen, sodass diese zu zwei Dritteln bedeckt sind. Bei 180 °C 8–10 Min. backen, bis sie goldbraun sind. Große Böden 10–15 Min. goldbraun backen.

Heiß oder bei Zimmertemperatur mit mehreren Scheiben Bayonner Schinken, die man auf den Quiches arrangiert hat, servieren.

OEUFS POCHÉS ET POTIRON RÔTI

Pochierte Eier mit geröstetem Kürbis

Ein perfektes Gericht für einen Sonntagsbrunch im Herbst. Das leuchtende Orange des Kürbises bildet einen starken Kontrast zu dem weißen Ei, was ein sonniges, fröhliches Gericht ergibt. Das halbflüssige Eigelb ist gleichzeitig die Sauce, aber auch Sauce Hollandaise oder Maltesersauce (s. S. 26) passen gut dazu. Oder servieren Sie einfach einen grünen Salat und knuspriges Baguette als Beilage.

Tipp: Der Kürbis kann einen Tag im Voraus vorbereitet werden, indem man ihn mit der Marinade vermischt und abgedeckt im Kühlschrank aufbewahrt.

ZUTATEN

FÜR 4 PERSONEN

1 Butternut-Kürbis
2 EL Olivenöl
2 EL Orangensaft
1 TL Ahornsirup
1 Thymianzweig
1/2 Zimtstange
(alternativ 1 Prise Zimtpulver)
Salz und Pfeffer
1 TL Zitronensaft
4 Eier

Ofen auf 180 °C vorheizen. Kürbis schälen, entkernen und in dicke Scheiben schneiden.

Olivenöl, Orangensaft, Ahornsirup, Thymian, Zimt, Salz und Pfeffer in einer kleinen Schüssel verrühren. Kürbis in einer Auflaufform mit dieser Marinade vermischen. Im Ofen in etwa 10–20 Min. weich und goldbraun rösten.

1/2 l Wasser und den Zitronensaft in einem großen Topf bis kurz unter den Siedepunkt erhitzen. Die Eier einzeln vorsichtig hineingleiten lassen und 3 Min. pochieren.

Den fertigen Kürbis auf eine angewärmte Platte geben. Die Eier mit einem Schaumlöffel aus dem Wasser heben und darauf arrangieren. Sofort servieren.

TARTE AU POIRE AU COMTÉ

Birnen-Tarte mit Comté

Früchte und Käse gehen eine wunderbare Verbindung ein. Welche Obstsorte letztlich Verwendung findet, hängt von der Saison ab. Bei der Auswahl des Käses entscheiden Geschmack und Konsistenz. Zum hier verwendeten Comté mit seinem komplexen nussigen und karamellartigen Geschmack passt die fruchtige Süße der Birnen perfekt.

ZUTATEN

FÜR 4 PERSONEN

125 g Mürbeteig (s. S. 14) oder 1/2 großes Blatt gekaufter Blätterteig
70 g ganze Mandeln, geschält oder ungeschält
1/8 l Eiswein
2 reife, feste Birnen, geschält, Kerngehäuse entfernt und längs halbiert
3 EL Frischkäse, weich gerührt
1 Thymianzweig, die Blätter abgezupft
200 g Comté, gerieben oder zerbröselt

Ofen auf 180 °C vorheizen. Teig ausrollen und mit einem Ring von 10 cm Ø 4 Kreise ausstechen. Mit einer Gabel mehrmals einstechen und auf einem mit Backpapier ausgelegten Blech 8–10 Min. goldbraun backen. Abkühlen und das Blech für später beiseitestellen. Papier auswechseln, wenn es zu fettig ist. Mandeln im 180 °C heißen Ofen leicht braun rösten. Abkühlen lassen und grob zermahlen.

Eiswein in einer Pfanne auf mittlerer Flamme erhitzen. Birnen hinzufügen und abgedeckt gerade unter dem Siedepunkt sanft pochieren. Ab und zu umdrehen, damit sie gleichmäßig garen. Je nach Reifegrad sind die Birnen nach 5–10 Min. weich gedünstet. Mit der Schnittseite nach unten auf einen Teller geben und abkühlen lassen. Wenn sie abgekühlt sind, Fächer herstellen, indem man mehrere Schnitte längs in die breite Seite der Birne macht, sie am schmalen Hals aber verbunden lässt.

Mürbeteigböden auf ein mit Backpapier ausgelegtes Blech legen. Frischkäse, Thymian und Mandeln in einer kleinen Schüssel vermischen. Die Mürbeteigböden damit bestreichen. Je eine halbe Birne darauflegen und mit Comté bestreuen. Etwa 5 Min. backen, bis der Käse warm ist, und sofort servieren.

CRÊPES AU FROMAGE DE CHÈVRE

Würzige Ziegenkäse-Crêpes

Die Vielseitigkeit von Crêpes ist immer wieder erstaunlich. Kombiniert mit verschiedensten Zutaten können freche Kompositionen gezaubert werden. Hier übernimmt der Ziegenkäse den Überraschungspart!

Crêpes eignen sich hervorragend als Vorspeise oder Canapé – der Unterschied besteht lediglich in der Größe der Portionen. Für Mini-Canapés faltet man winzige Crêpes zu mundgerechten Häppchen.

ZUTATEN

FÜR 4 PERSONEN (2 Crêpes pro Person als Vorspeise, oder 16 Canapés, oder 24 Mini-Canapés)

8 Crêpes (s. S. 18)
2 Schalotten, fein gehackt
1 Knoblauchzehe, fein gehackt
1 EL ungesalzene Butter
100 g weicher Ziegenkäse
1 EL Olivenöl
1 EL Schnittlauch, fein gehackt
1 EL glatte Petersilie, fein gehackt
Salz und Pfeffer

Crêpes nach Rezept (s. S. 18) zubereiten. Ofen auf 160 °C vorheizen. Schalotten und Knoblauch in einer Pfanne ohne Deckel auf kleiner Flamme in der Butter weich und glasig dünsten. In eine Schüssel geben und mit dem Ziegenkäse vermischen. Olivenöl dazugeben und cremig rühren. Schnittlauch und Petersilie unterrühren und mit Salz und Pfeffer abschmecken.

1 EL der Füllung auf einem Viertel eines Crêpes verstreichen. Einmal zur Hälfte zusammenfalten und nochmals falten, sodass ein Dreieck entsteht. Die restlichen Crêpes ebenso füllen. Im Ofen 2 Min. backen, bis Crêpes und Käse warm sind. Sofort servieren.

FONDUE AU FROMAGE

Käsefondue

Das Geheimnis eines gelungenen Käsefondues liegt im Wissen, dass das gesellige Miteinander – ob in lustiger Stimmung als Gruppe, oder im romantischen Ambiente als Paar – ebenso wichtig ist wie ein gutes Essen als solches. Die Faustregel für ein würziges Käsefondue ist einfach: drei Sorten Käse und Kirschwasser.

ZUTATEN

FÜR 4 PERSONEN

200 g Comté
200 g Emmentaler
200 g Beaufort
1/2 l trockener Weißwein
2 Knoblauchzehen
1/8 l Kirschwasser
frisch gemahlener schwarzer Pfeffer
1 Laib Challah oder Eierbrot
1 Granny Smith-Apfel, ungeschält

Alle Käsesorten reiben oder in dünne Scheiben schneiden. Mit Wein und Knoblauch in einen Topf mit schwerem Boden geben. Unter ständigem Rühren auf mittlerer Flamme erhitzen, bis der Käse vollständig geschmolzen ist. Das Kirschwasser unterrühren und mit Pfeffer abschmecken.

In der Zwischenzeit zum Dippen das Brot in mundgerechte Stücke und den Apfel in dünne Scheiben schneiden.

Käsemischung in einen Fonduetopf geben und sofort servieren.

SOUFFLÉ AU FROMAGE

Käsesoufflé

Vor Soufflés muss man keine Angst haben. Ein Kinderspiel, wenn man nur penibel arbeitet! Und so geht's: Die Temperatur muss stimmen. Die Menge der Zutaten muss stimmen. Die Methode muss stimmen. Jeder einzelne Tipp für sich gesehen scheint einfach, die Herausforderung liegt jedoch in der Zusammenführung aller drei Ratschläge. Probieren Sie das Rezept zunächst im Kleinen für Ihre Familie aus, dann sind Sie für den großen Auftritt gewappnet. Sie werden sehen, die fluffigen Käseteilchen sind im Nu weg!

ZUTATEN

FÜR 4 PERSONEN

150 g Comté, gerieben zzgl. Comté, zum Bestreuen nach Belieben
425 ml Béchamelsauce (s. S. 23)
4 Eier, getrennt
Salz und Pfeffer
1 EL Butter
1 Prise Salz
Saft von 1/2 Zitrone

Comté und Béchamelsauce in einer Schüssel verrühren. Die Eigelbe einzeln unterschlagen. Mit Salz und Pfeffer würzen und die Mischung im Kühlschrank kühlen.

Das Gitter im Ofen auf die richtige Höhe für ein aufgegangenes Soufflé einstellen – normalerweise ist das die mittlere Schiene oder eine darunter. Den Ofen auf 200 °C vorheizen.

Eine Souffléform mit 1 1/2 l Inhalt oder mehrere kleine Förmchen mit Butter einfetten. In den Kühlschrank stellen, bis sie benötigt werden.

Eiweiß mit 1 Prise Salz in einer großen Schüssel zu steifem Schnee schlagen. Wenn es fest ist und glänzt, nach und nach den Zitronensaft unterrühren. Ein Viertel des Eischnees vorsichtig unter die Käsemischung heben, dann die Käsemischung behutsam unter den restlichen Eischnee heben.

Diese Mischung in die vorbereitete Form geben, sie kann ruhig bis zum Rand gefüllt werden. Die Form mehrmals fest auf die Arbeitsfläche klopfen, um Luftblasen zu

entfernen. Die Oberfläche mit einer Palette glatt streichen. Mit einem sauberen, trockenen Tuch den Rand und die Seiten der Form sauber wischen. Dann mit der Spitze eines Messers einmal um den Rand der Form fahren, um die Oberfläche zu entspannen – dadurch kann das Soufflé leichter aufgehen.

Das große Soufflé muss 15 Min., die kleinen Förmchen 5 Min. backen. Die Temperatur auf 180 °C verringern. Die Ofentür nicht öffnen und weitere 5 Min. backen, bis das Soufflé aufgegangen und leicht gebräunt ist. Sofort servieren, nach Wunsch vorher mit geriebenem Käse bestreuen.

TARTE À L'OIGNON AU
CROTTIN DE CHAVIGNOL

Zwiebel-Tarte mit Crottin de Chavignol-Käse

Chavignol ist ein kleines Dorf in der Nähe von Sancerre in der nördlichen Loire-Region von Frankreich. Seit dem 16. Jahrhundert werden dort Ziegen gezüchtet und gemolken – entsprechend weiß man auch, wie guter Käse hergestellt wird. Bei diesem Rezept wird die Schärfe des Käses durch die leichte Süße der Zwiebeln gemildert.

Servieren Sie die Tarte als Vorspeise, mit Kalbfleisch oder Hühnchen.

ZUTATEN

FÜR 4 PERSONEN (16 kleine Böden à 5 cm Ø oder 1 Boden à 23 cm Ø)

250 g Mürbeteig (s. S. 14) oder 1 große Scheibe gekauften Blätterteig

4 spanische oder andere milde Zwiebeln, fein gehackt

1/8 l Clotted Cream oder Sahne mit 45 % Fettanteil

2 Eier

Salz und Pfeffer

2 TL Trüffelöl (nach Belieben)

150 g Crottin de Chavignol-Käse, in 8 Scheiben geschnitten

Mürbeteig nach Rezept vorbereiten und blindbacken (s. S. 14).

Butter in einer Pfanne auf kleiner Flamme schmelzen und die Zwiebeln darin etwa 30 Min. sanft andünsten, bis sie weich, aber nicht gebräunt sind. Häufig umrühren. Vom Herd nehmen und zum Abkühlen beiseitestellen.

Zwiebeln, Eier und Clotted Cream bzw. Sahne in einer Schüssel vermischen. Mit Salz und Pfeffer würzen und nach Belieben Trüffelöl unterrühren.

Die Zwiebel-Ei-Sahne-Mischung auf den Mürbeteigboden geben, sodass die Form zu zwei Dritteln gefüllt ist und etwa 10–15 Min. backen (die kleineren Böden brauchen etwa 8–10 Min.), bis die Füllung gestockt ist. Aus dem Ofen nehmen, auf den Boden eine Scheibe Crottin de Chavignol legen und weitere 5 Min. backen, bis der Käse warm ist.

TATINS D'ENDIVES AU FROMAGE
ET NOIX DE PACANES
Chicorée-Tatin mit Greyerzer und Pekannüssen

Eine Tatin ist eine gestürzte Tarte. Dieses Rezept wird in kleinen Ringformen hergestellt und die „Kruste" besteht aus Chicoréeblättern. Neben den herrlichen Aromen und Konsistenzen, besticht das Gericht mit seinem wunderbaren Äußeren: ein wahrer Hingucker! Servieren Sie es mit einem kleinen Salat oder als Gemüsebeilage zu einem Hauptgericht.

ZUTATEN

FÜR 4 PERSONEN

6 Chicoréestauden
1/2 l Vollmilch
16 Pekannusshälften
3 EL ungesalzene Butter
2 Orangen, 1 ausgepresst, 1 filetiert
1 EL Honig
Salz und Pfeffer
200 g Greyerzer, gewürfelt
1 Estragonzweig, fein gehackt

Den Boden der Chicoréestauden abschneiden und die Blätter abschälen. 1 Std. in Milch einweichen, um den leicht bitteren Geschmack zu mildern. Herausnehmen und trocken tupfen. Ofen auf 180 °C vorheizen. Pekannüsse auf einem Blech hellbraun rösten.

Butter in einer großen Pfanne auf mittlerer Flamme erhitzen. Orangensaft und Honig unterrühren. Die Chicoréeblätter hineingeben und mit Salz und Pfeffer würzen. Etwa 5 Min. dünsten, bis der Chicorée weich ist.

Ein Blech mit Backpapier auslegen. Vier Metallringe von 9 cm Ø (ohne Boden) darauflegen. Die Chicoréeblätter in den Ringen kreisförmig arrangieren, sodass sie einen Boden formen, ihre Spitzen an den Seiten überstehen und über die Füllung gefaltet werden können. Den Chicoréeboden mit Orangenfilets, Greyerzer, Estragon und Nüssen füllen. Die Enden der Chicoréeblätter wie einen Deckel darüberfalten. Etwa 15 Min. backen, bis die Blätter leicht gebräunt sind.

Zum Servieren die Tartes mit einer Palette oder einem Spatel vorsichtig umdrehen und den Ring abziehen. Warm servieren.

TOMATES DE VIGNE AU SAINTE MAURE

Geröstete Tomaten mit Sainte Maure-Käse

Wenn man Tomaten erhitzt, wird damit ihr Eigengeschmack erst richtig unterstrichen. Der Sainte Maure-Käse setzt dazu einen perfekten Akzent. Die Leichtigkeit, mit der dieses Gericht zubereitet wird, lässt Komplimente unangebracht erscheinen, aber genau hierin liegt der besondere Reiz.

Ich bereite dieses Rezept am liebsten zur Tomatensaison zu, dann sind die Tomaten natürlich gereift und schmecken herrlich aromatisch.

Dieses Gericht ist vielseitig: Es schmeckt als warme Vorspeise auf einem Bett aus grünem Salat oder als Beilage zu Fisch oder Hühnchen.

ZUTATEN

FÜR 4 PERSONEN

4 Strauchtomaten, halbiert
50 ml Olivenöl zzgl. warmes Olivenöl, zum Beträufeln
1 Schalotte, fein gewürfelt
1 Knoblauchzehe, gehackt
250 g Sainte Maure-Käse, in 8 Scheiben geschnitten
1 TL Kerbel, fein gehackt
1 TL Schnittlauch, fein gehackt
1 TL Thymian, fein gehackt

Den Ofen auf 150 °C vorheizen. In einer Auflaufform Tomaten, Olivenöl, Schalotten und Knoblauch vorsichtig vermischen.

Etwa 5 Min. backen, gerade lange genug, um die Zutaten zu erwärmen und die Aromen hervorzubringen. Die Schnittseite der Tomaten nach oben drehen und auf jede Hälfte eine Scheibe Käse legen. 1 Min. backen, damit der Käse leicht weich wird. Aus dem Ofen nehmen, mit den Kräutern bestreuen, mit Olivenöl beträufeln und in der Auflaufform servieren.

Vacherin du Haut-Doubs
ou
MONT D'OR

Pommes de Terre
Kartoffeln

POMMES ANNA

Anna-Kartoffeln

Das gefällige Anrichten von Speisen ist in der französischen Küche sehr wichtig. Dieses Rezept interpretiert ein klassisches Gericht auf eine neue Art und Weise. Die warmen Kartoffeln gehen mit Salat eine frech-frische Verbindung ein. Hervorragend passt der Löwenzahnsalat mit Speck und pochiertem Ei (s. S. 74), oder Sie geben einen Fingerkartoffelsalat mit Radieschen (s. S. 118) in die Mitte.

ZUTATEN

FÜR 4 PERSONEN

750 g Kartoffeln (Yukon Gold), alle gleich groß (nach Wunsch geschält)

125 g ungesalzene Butter

Salz und Pfeffer

Den Ofen auf 180 °C vorheizen. Die Kartoffeln mit einem Hobel in dünne gleichmäßige Scheiben hobeln und in eine Schüssel geben.

In einer ofenfesten oder gusseisernen Pfanne von 20 oder 25 cm Ø die Butter auf mittlerer Flamme schmelzen.

Kartoffelscheiben in der Butter wenden und mit Salz und Pfeffer würzen. Diese entlang dem Rand der Pfanne ziegelartig überlappend hineinschichten. Auf diese Weise entweder einen Ring bilden und die Mitte für die Garnitur frei lassen, oder mit den Kartoffelscheiben spiralförmig nach innen vorarbeiten und die ganze Pfanne füllen.

Pfanne mit Alufolie abdecken und 40 Min. im Ofen backen, bis die Kartoffeln weich sind. Folie entfernen und weitere 10 Min. backen, bis die oberste Kartoffelschicht goldbraun ist. Überschüssige Butter abgießen. Einen Teller auf die Pfanne legen und schnell umdrehen, um die Kartoffeln in einem Stück auf den Teller zu stürzen. Warm servieren.

SALADE DE RATTES AUX RADIS

Fingerkartoffelsalat mit Radieschen

Wenn es um Kartoffelsalat geht, scheint es oft einen regelrechten Wettbewerb um das beste Rezept zu geben. Kartoffeln haben weit mehr Eigengeschmack, als oft angenommen wird. Fingerkartoffeln werden jung geerntet und haben einen leicht süßlichen Geschmack.

ZUTATEN

FÜR 4 PERSONEN

1 kg Fingerkartoffeln
4 große Radieschen, in Scheiben
1 Schalotte, fein gewürfelt
1 Bund Kerbel, Blätter abgezupft
2 Minzeblätter, in dünne Streifen geschnitten
1 EL Schnittlauch, fein gehackt
1 EL glatte Petersilie, gehackt
50 ml Mayonnaise (s. S. 21)
50 ml Senfdressing (s. S. 28)
2 hart gekochte Eier, in Scheiben

Kartoffeln in einen großen Topf mit kaltem Salzwasser geben und zum Kochen bringen. Weich kochen, abgießen und abkühlen lassen. Danach in 5 mm dicke Scheiben schneiden.

Kartoffeln in einer großen Schüssel mit Radieschen, Schalotte, der Hälfte des Kerbels, Minze, Schnittlauch, Petersilie, Mayonnaise und Senfdressing vermischen. Die Eier dazugeben und vorsichtig unterheben.

Bei Zimmertemperatur mit dem restlichen Kerbel bestreut servieren.

TARTE AUX POMMES DE TERRE

Kartoffel-Tarte

Kartoffeln mit Teig zu kombinieren mag manchem ungewöhnlich erscheinen, aber diese Art, Aromen und Konsistenzen zu mischen, ist typisch für die französische Küche. Diese Komposition ist vorzüglich!

Servieren Sie die Tarte in Spalten, zum Beispiel mit einigen Scheiben Wurst und einem gemischten grünen Salat.

ZUTATEN

FÜR 4 PERSONEN

500 g Mürbeteig (s. S. 14) oder 2 große Scheiben gekaufter Blätterteig
1 kg Kartoffeln (Yukon Gold), geschält und in sehr dünne Scheiben geschnitten
1 Zwiebel, in Scheiben
1 EL Butter
1/4 l Royale-Mischung (s. S. 17)
2 EL Schnittlauch, fein gehackt
1 Ei
1 Prise Salz

Den Teig halbieren und die Hälfte beiseitestellen. Die andere Hälfte in einer Form mit 23 cm Ø nach Rezept blindbacken (s. S. 14).

In der Zwischenzeit die Kartoffeln in einem großen Topf kochendem Salzwasser 2 Min. kochen. Zum Abkühlen beiseitestellen.

Die Zwiebel mit Butter in einer Pfanne auf mittlerer Flamme weich und glasig dünsten. Vom Herd nehmen und abkühlen lassen.

Die Royale-Mischung in einer großen Schüssel mit Kartoffeln, Zwiebel und Schnittlauch vermischen. Den noch warmen Mürbeteigboden damit füllen, die Kartoffeln dabei locker in mehreren Schichten arrangieren.

Den restlichen Teig ausrollen und über die Tarte legen. In die Mitte ein Loch schneiden, durch das der Dampf entweichen kann.

Ei mit 1 Prise Salz und 2 EL kaltem Wasser verrühren und die Tarte damit bestreichen. Bei 180 °C etwa 30 Min. backen, bis sie sich goldbraun färbt.

GRATIN DAUPHINOIS

Kartoffel-Gratin

Dieses Gericht stammt aus Lyon und ähnelt den überbackenen Kartoffeln mit Käse. Käse aus der Region um Lyon lässt sich nicht gut backen, aber das Außergewöhnliche an diesem Gratin ist, dass es auch ohne Käse (oder gerade ohne Käse) köstlich schmeckt. Man sollte bei diesem Gericht schnell arbeiten, da die Kartoffeln sich leicht verfärben, wenn sie mit Luft in Berührung kommen.

ZUTATEN

FÜR 4 PERSONEN

1 Knoblauchzehe, halbiert
50 g ungesalzene Butter
1 kg Kartoffeln (Yukon Gold), geschält
3 Eier
1/2 l Sahne
Salz und Pfeffer

Den Ofen auf 150 °C vorheizen. Eine gusseiserne Pfanne oder Auflaufform von 20 cm Ø mit Knoblauch und Butter großzügig einreiben.

Kartoffeln in dünne Scheiben hobeln, unter kaltem Wasser abspülen und trocken tupfen.

Eier, Sahne, Salz und Pfeffer in einer Schüssel verschlagen. Die Kartoffeln hineingeben und wenden. Alles in die gebutterte Form geben und etwa 1 Std. backen, bis die Oberfläche sich golden verfärbt.

POMMES DE TERRE AU CITRON

Zitronenkartoffeln

Die Back-Kartoffeln werden mit der Frische der Zitronen aufgepeppt. Spritzig!

ZUTATEN

FÜR 4 PERSONEN

4 mittelgroße Kartoffeln (Yukon Gold), geschält
2 Zitronen
125 g ungesalzene weiche Butter
1 Thymianzweig, fein gehackt
Salz und Pfeffer
500 g Steinsalz oder normales Salz

Den Ofen auf 180 °C vorheizen. Die Schale einer Zitrone dünn abreiben und die Zitrone auspressen. Die andere Zitrone in 8 dünne Spalten schneiden und die Enden entfernen.

Butter, Zitronenschale, -saft und Thymian in einer kleinen Schüssel verrühren.

Am Boden jeder Kartoffel eine dünne Scheibe abschneiden, sodass sie sicher steht. Oberen Teil der Kartoffel längs etwa drei- bis viermal bis zur Hälfte einschneiden. Mit einem Messer etwas Zitronenbutter in jeden Schnitt geben, dabei aber vorsichtig sein, um die Kartoffel nicht auseinanderzubrechen.

Auf jede Kartoffel 2 Zitronenscheiben legen und einzeln in Alufolie einwickeln. Kartoffeln auf ein kleines Backblech setzen, das dick mit Salz bestreut wurde, um die Kartoffeln etwas vom Blech abzuheben. Etwa 25–30 Min. backen, bis sie einer Gabel keinen Widerstand mehr leisten.

POMMES DE TERRE TARTIFLETTE

Kartoffel-Tartiflette

Dieses Wintergericht stammt aus Savoyen, wo Käse eine lange Geschichte hat. Im 13. Jahrhundert wurden die Bauern dort nach der Menge ihrer Milchproduktion besteuert. Um hohe Steuern zu umgehen, hielten sie einen Teil ihrer Milch zurück, bis die Steuereintreiber vorübergezogen waren. Auch der Reblochon-Käse wurde ursprünglich aus der heimlich nachgemolkenen Milch, die der Melkkontrolle unterschlagen wurde, hergestellt („reblocher" ist ein alter savoyischer Ausdruck für „ein zweites Mal melken").

Reblochon ist ein halbfester Kuhmilchkäse aus Savoyen, der besonders fetthaltig ist. Typischerweise ist seine gewaschene Rinde graurosa- bis gelborangefarben, die Konsistenz sahnig-zerlaufend und das Aroma nussig, vollmundig und butterig. Die Grundbestandteile einer Tartiflette sind Kartoffeln, Reblochon-Käse sowie Zwiebeln.

ZUTATEN

FÜR 4 PERSONEN

1 kg Kartoffeln, geschält und in 1 cm dicke Scheiben geschnitten
200 g Speck (vom Schweinebauch)
1 Zwiebel, in Scheiben
Butter, zum Einfetten der Form
4 EL Crème fraîche oder Clotted Cream
Salz und Pfeffer
200 g Reblochon-Käse, gerieben

Den Ofen auf 160 °C vorheizen. Kartoffeln in einem großen Topf mit kochendem Salzwasser 1 Min. kochen. Abgießen und beiseitestellen. Speck in 2,5 cm x 6 mm x 6 mm große Streifen schneiden, die aus je einer Schicht Fleisch und Fett bestehen. Diese Speckstreifen in einer Pfanne auf mittlerer Flamme auslassen. Die Zwiebeln hinzufügen und anbraten, bis sie leicht Farbe annehmen. Eine Auflaufform von 20 oder 25 cm Ø mit Butter einfetten.

Kartoffelscheiben überlappend darin anordnen. Mit Crème fraîche bestreichen und die Zwiebeln und Speckstreifen daraufgeben. Mit Salz und Pfeffer würzen und den Käse gleichmäßig darüberstreuen. Etwa 15 Min. backen, bis die Kartoffeln weich sind und der Käse Farbe annimmt.

POMMES DE TERRE SARLADAISES

In Entenschmalz gebratene Kartoffeln

Auch dieses Rezept zeigt, dass einfache Zutaten wie die Kartoffeln raffiniert zubereitet werden können. Für dieses Gericht aus dem Südwesten Frankreichs verwendet man traditionellerweise Gänseschmalz. Meine Version wird mit Entenschmalz verfeinert, ist jedoch weniger fettig, als Sie es vielleicht erwarten.

Tipp: Entenschmalz ist in Delikatessengeschäften und bei einigen Metzgern erhältlich. In einem verschlossenen Behälter lässt es sich im Kühlschrank gut aufbewahren.

ZUTATEN

FÜR 4 PERSONEN

1 kg Kartoffeln (Yukon Gold), geschält und in 1 cm dicke Scheiben geschnitten

115 g Entenschmalz

4 Knoblauchzehen, Spross entfernt und gehackt

Salz und Pfeffer

1 EL glatte Petersilie, fein gehackt

Kartoffeln abspülen und trocken tupfen. Entenschmalz in einer breiten Pfanne mit schwerem Boden bei mittlerer Flamme auf etwa 165 °C erhitzen.

Mit einem Plätzchenausstecher aus den Kartoffelscheiben Kreise von etwa 5 cm Ø ausstechen. Im Entenschmalz hellgolden anbraten, wenden und die andere Seite ebenfalls braten. Einige Minuten, bevor die Kartoffeln gar sind, den Knoblauch unterrühren. Weiterbraten, bis die Kartoffeln weich sind.

Aus der Pfanne nehmen, auf Küchenpapier überschüssiges Fett abtropfen lassen und mit Salz und Pfeffer würzen. Mit Petersilie bestreuen und sofort servieren.

POMMES SAVOYARDE

Überbackene Kartoffeln mit Hühnerbrühe und Käse

Im Winter, wenn frisches Gemüse rar ist, greife ich gern zurück auf dieses einfache, aber geniale Rezept für ein etwas anderes Kartoffelgratin. Die Brühe kocht mit dem Käse zu einer wunderbaren Sauce ein.

ZUTATEN

FÜR 4 PERSONEN

1 kg Kartoffeln (Yukon Gold)
2 EL ungesalzene Butter
Salz und Pfeffer
1/8 l Hühnerbrühe (s. S. 10)
300 g Greyerzer, grob gerieben

Den Ofen auf 180 °C vorheizen.

Kartoffeln mit einem Hobel oder scharfen Messer in 1 cm dicke Scheiben schneiden. Abspülen und trocken tupfen. Eine Auflaufform buttern. Die Kartoffeln mit Salz und Pfeffer würzen und überlappend in die Form schichten. Die Hühnerbrühe darüber gießen und mit Greyerzer bestreuen. Im Ofen 20–25 Min. backen, bis die Kartoffeln einer Gabel keinen Widerstand mehr leisten.

Les Plats
Hauptgerichte

CASSOULET

Bohneneintopf mit Enten-Confit und Wurst

Um Toulouse herum sind praktisch alle mit diesem Gericht aufgewachsen. Oftmals wird auch Lamm verwendet, aber das ist eine Sache des persönlichen Geschmacks, und so bleibt diese Fleischsorte in diesem Rezept von mir unberücksichtigt. Laden Sie Familie und Gäste dazu ein, richtig zuzuschlagen. Dieser wärmende und deftige Eintopf ist ein ideales Herbst- und Wintergericht. Servieren Sie ihn ruhig rustikal am Tisch im Bräter, in dem er gekocht wurde. Dazu passen frisches Brot und ein Wintersalat. ***Tipp: Schweineschwarte ist bei Metzgern erhältlich.***

ZUTATEN

FÜR 8 PERSONEN

1 kg getrocknete weiße Bohnen
500 g Speck am Stück (vom Schweinebauch), halbiert
4 Strauchtomaten, geschält und entkernt
2 große Zwiebeln, halbiert
1 Karotte, geschält
1 Knolle Knoblauch, ungeschält, halbiert
1 großes Bouquet garni (s. S. 10)
300 ml Rinderbrühe
2 EL Entenschmalz
4 grobe Schweinewürstchen
4 Kalbswürstchen
1 große Knoblauchwurst
4 Keulen Enten-Confit (s. S. 13)
200 g Schweineschwarte
200 g Semmelbrösel
1 Bund glatte Petersilie, Stiele entfernt

In einem großen schweren Topf Bohnen mit kaltem ungesalzenem Wasser bedecken. Aufkochen, dann abgießen. Die Bohnen wieder in den Topf geben, mit frischem kaltem Wasser bedecken und Speck, Tomaten, Zwiebeln, Karotten, Knoblauch und Bouquet garni dazugeben. Aufkochen und die Hitze reduzieren, sodass die Mischung sanft köchelt. Rinderbrühe erhitzen und bereithalten. Nach und nach zu den Bohnen geben, wenn diese zu trocken werden. Würstchen in der Hälfte des Entenschmalzes anbraten. Herausnehmen und beiseitestellen. Wenn die Bohnen nach etwa 2 Std. beginnen weich zu werden, Speck, Zwiebel, Karotte, Knoblauch und Bouquet garni herausnehmen

und entfernen. Würstchen und Entenkeulen dazugeben. Weitere 30 Min. kochen, bis die Bohnen ganz weich sind. Ofen auf 150 °C erhitzen. Das restliche Entenschmalz in einem kleinen Topf erwärmen.

Den Boden einer Auflaufform mit Schwarte auslegen, sodass sie an den Seiten bis zur Hälfte nach oben steht. Eine Schicht Bohnen hineinlöffeln. Mit den Würstchen eine mittlere Schicht bilden, dabei größere Würstchen in Stücke schneiden. Mit den restlichen Bohnen bedecken. In einem Blitzhacker Petersilie und Semmelbrösel miteinander verarbeiten. Gleichmäßig über die Bohnen streuen. Das warme Entenschmalz darüberträufeln. 1 Std. backen, dabei den Dampf alle 15 Min. herauslassen, indem man mit einem Messer die sich bildende Kruste durchbricht.

RATATOUILLE “BAYALDI”

Ratatouille Bayaldi

Dieses Ratatouille ähnelt eher dem arabischen Gericht Imam Bayaldi, da die Zutaten in dünne Scheiben geschnitten und nicht gewürfelt werden. Der Unterschied liegt vor allem in der Präsentation – ich ordne die Gemüsesorten nach Farben getrennt in Ringen an. Der Geschmack erfüllt alle Erwartungen, die das Aussehen hervorruft.

ZUTATEN

FÜR 4 PERSONEN

- 50 ml Olivenöl zzgl. Olivenöl, zum Anbraten
- 1 Zwiebel, gewürfelt
- 2 Strauchtomaten, gewaschen, entkernt und in Stücke geschnitten
- Bouquet garni (s. S. 10)
- 1 EL Tomatenmark
- 1 EL Honig
- 1 Knoblauchzehe, Spross entfernt und gehackt
- Salz und Pfeffer
- 2 Zucchini, in 3 mm dicke Scheiben geschnitten (nach Wunsch mit einem Sparschäler Streifen abschälen)
- 4 Roma-Tomaten, in 3 mm dicke Scheiben geschnitten
- 2 japanische Auberginen, in 3 mm dicke Scheiben geschnitten
- 8 Piquillo-Paprika (s. S. 24), halbiert und in Spalten geschnitten
- 3 EL Semmelbrösel
- 2 EL glatte Petersilie, gehackt

Ofen auf 180 °C vorheizen.

In einer antihaftbeschichteten Pfanne auf mittlerer Flamme die Zwiebeln in Olivenöl glasig dünsten. Strauchtomaten, Bouquet garni, Tomatenmark, Honig und die Hälfte des Knoblauchs dazugeben. Mit Salz und Pfeffer würzen. Kochen, bis fast das gesamte Wasser verdunstet ist. Mit einem Pürierstab pürieren und beiseitestellen.

In derselben Pfanne Zucchini, Roma-Tomaten, Auberginen, Paprika und restlichen Knoblauch leicht anbraten und würzen. Nicht zu weich braten, das Gemüse wird im Ofen fertig gegart. Beiseitestellen.

Tomatensauce in 4 kleine runde, flache Auflaufförmchen oder in eine größere Form geben. Das Gemüse überlappend entlang der Form arrangieren. Auf diese Weise einen Ring bilden und spiralförmig nach innen vorarbeiten. Dabei die Gemüsesorten abwechseln.

Semmelbrösel, Knoblauch und Petersilie in einem Blitzhacker gut miteinander verarbeiten. Über das Ratatouille streuen. Etwa 10 Min. backen, bis alles gut erhitzt und weich ist.

MOULES AU FENOUIL ET PERNOD

Miesmuscheln mit Pernod und Fenchel

Fenchel und Pernod setzen in diesem Rezept Akzente. Ihr feiner Anisgeschmack, der ein wenig an Lakritz erinnert, harmoniert herrlich mit den Muscheln.

ZUTATEN

FÜR 4 PERSONEN

2 kg Miesmuscheln
1 Fenchelknolle, in dünne, gleichmäßige Streifen geschnitten
4 Schalotten, fein gewürfelt
schwarze Pfefferkörner, zerdrückt oder gemahlen
1/4 l trockener Weißwein
2 EL Pernod
2 Strauchtomaten, blanchiert, Haut abgezogen, entkernt und gewürfelt
2 EL Schnittlauch, fein gehackt
125 g ungesalzene weiche Butter
2 EL Petersilie, gehackt

Muscheln waschen und geöffnete oder streng riechende Muscheln entfernen.

Fenchel, Schalotten, einige zerdrückte Pfefferkörner, Wein und Pernod in einem großen Topf mit schwerem Boden auf mittlerer Flamme erwärmen. Die Muscheln dazugeben, einen Deckel darauflegen und Temperatur erhöhen. Etwa 3–4 Min. kochen, bis die Muscheln sich geöffnet haben.

Tomaten und Schnittlauch untermischen, dann die Muscheln auf Suppenteller verteilen oder auf eine große Platte geben. Butter unter die Kochflüssigkeit schlagen. Sauce über die Muscheln träufeln, mit Petersilie garnieren und sofort mit warmem Krustenbrot servieren.

CABILLAUD EN PAPILLOTE

Kabeljau im Päckchen

Diese Kochmethode ist praktisch und sorgt gleichzeitig für einaußergewöhnliches Überraschungsmoment beim Servieren. Der Mini-„Ofen“ aus Backpapier hält Hitze und Feuchtigkeit im Päckchen. Am Tisch geöffnet, entströmen Dampf und herrliche Düfte.

ZUTATEN

FÜR 4 PERSONEN

4 Kabeljaufilets à 170 g
grünes Basilikumpesto (s. S. 28)
1 Zitrone
Olivenöl zum Bestreichen
2 große (40 x 50 cm) Blätter Backpapier
12–16 Stücke getrocknete Tomaten, in feine Streifen geschnitten

Ofen auf 160 °C vorheizen. Fisch auf beiden Seiten mit Pesto bestreichen. Zitrone in 8 Scheiben schneiden, die Enden wegwerfen. Ein großes Stück Backpapier in der Mitte falten und so ausschneiden, dass geöffnet ein Kreis oder Herz entsteht. Auseinanderfalten und eine Seite mit Olivenöl bestreichen, dabei aber rundum einen Rand von 5 cm ölfrei lassen. Auf der Hälfte des Papiers ein Bett aus Tomaten arrangieren, darauf ein Fischfilet legen und mit zwei Zitronenscheiben abschließen.

Die andere Hälfte des Papiers darüber zusammenfalten. Das Päckchen fest verschließen, indem man die offene Seite einrollt oder faltet.

Päckchen auf ein Blech legen und 10–15 Min. backen, bis das Papier braun ist und die Päckchen „aufgegangen“ sind (der Dampf des garenden Fisches lässt die Päckchen anschwellen). Zum Servieren Päckchen auf Teller legen und erst am Tisch öffnen.

LOUP DE MER EN CROÛTE DE SEL

Wolfsbarsch in Salzkruste

Dieses aromatische, eindrucksvoll aussehende Gericht ist perfekt für eine Dinnerparty. Es ist spannend, die Salzkruste aufzuschneiden, den Fisch zu enthüllen und allein schon vom herausströmenden Duft verführt zu werden. Garantiert das Highlight des Abends!

ZUTATEN

FÜR 4 PERSONEN

2 ganze Mittelmeer-Wolfsbarsche (je 500–750 g), ausgenommen
1 1/2 kg grobes Salz oder Steinsalz
200 g Mehl
4 Eiweiß
2 TL Olivenöl
4 Petersilienzweige
2 Rosmarinzweige
2 Thymianzweige
2 Lorbeerblätter
1 EL schwarze Pfefferkörner, zerdrückt
1 Zitrone, in Scheiben, die Enden entfernt

Ofen auf 180 °C vorheizen. Die Fische auf Zimmertemperatur bringen. Flossen abschneiden und sicherstellen, dass die Bauchöffnungen sauber sind. In einer großen Schüssel Salz, Mehl und Eiweiße vermischen, bis eine körnige Paste entstanden ist. Ein großes Backblech mit Backpapier auslegen, zwei Drittel der Salzmischung gleichmäßig einfüllen und Unebenheiten glatt streichen, sodass beide Fische aufgelegt werden können. Die Bauchhöhlen der Fische mit Olivenöl einreiben. Petersilie, Rosmarin, Thymian, Lorbeerblätter, Pfefferkörner und Zitronenscheiben hineinlegen. Die Fische auf das Salzbett legen und die restliche Salzmischung darauf verteilen, sodass die Fische vollständig davon eingeschlossen sind. Etwa 30 Min. backen. Aus dem Ofen nehmen und 5 Min. ruhen lassen. Die Salzkruste am Tisch vorsichtig aufbrechen und die Fische enthüllen. Die obere Salzschicht entfernen. Die Haut vom ersten Fisch abziehen, dann vorsichtig das obere Filet von den Gräten nehmen und auf eine Servierplatte legen. Die Gräten abheben und entfernen, dann das zweite Filet von der Haut herunternehmen und auf die Platte legen. Diesen Vorgang mit dem zweiten Fisch wiederholen.

POULET À LA BIÈRE

Bier-Hähnchen

Manche Gerichte gelingen am besten auf die Schnelle und mit Elan. Dieses gehört nicht dazu. Erst das langsame Garen lässt die Aromen sich vollständig entfalten. Die Sauce verrät die Herkunft des Gerichts: Es stammt von der belgischen Grenze, wo man stolz auf sein eigenes Bier ist.

ZUTATEN

FÜR 4–6 PERSONEN

1 Hühnchen von ca. 2 kg
Salz und Pfeffer
2 EL Olivenöl
4 Schalotten, gehackt
6 EL Gin
1/2 l helles Bier
1/8 l Crème fraîche
1 Bouquet garni (s. S. 10)
250 g kleine weiße Champignons
1 Eigelb
1 EL glatte Petersilie, fein gehackt

Hühnchen in Stücke schneiden und mit Salz und Pfeffer würzen.

Olivenöl in einem Bräter auf großer Flamme erhitzen. Hühnchenteile mit der Hautseite zuerst hineinlegen und von allen Seiten goldbraun anbraten. Fleisch herausnehmen und beiseitestellen. Überschüssiges Fett aus dem Topf abgießen und wieder auf den Herd stellen. Schalotten etwa 1 Min. ohne Deckel darin andünsten. Hühnchen zurück in den Topf geben. Mit Gin ablöschen und die angebratenen Reste vom Topfboden kratzen. Bier, Crème fraîche und Bouquet garni unterrühren. Abdecken und 30 Min. köcheln lassen. Pilze dazugeben und weitere 15 Min. ohne Deckel kochen, bis die Flüssigkeit auf die Hälfte eingekocht ist. Hühnchen und Pilze herausnehmen und warm halten. Eigelb in einer Schüssel mit einer kleinen Menge Sauce verrühren – das verhindert das Gerinnen des Eigelbs, wenn es der heißen Sauce hinzugefügt wird. Angewärmtes Ei unter die Sauce rühren. Warm halten, aber nicht mehr kochen lassen. Hühnchen und Pilze auf einer Servierplatte anrichten. Mit Petersilie bestreuen. Die Sauce separat dazu reichen.

TATIN AUX TOMATES,
HOMARD, ET RATTES

Tomaten-Tatin mit Hummer und Fingerkartoffeln

Raffiniert angerichtet mit frischem Gemüse, lassen sich bei diesem Hummergericht mediterrane Akzente setzen.

Die besten Kartoffeln Frankreichs stammen von der Insel Noirmoutier, vor der Küste der Bretagne gelegen. Mit vor Ort frisch gefangenem Hummer sind sie ein Gedicht!

***Tipp:** Fertiger Blätterteig ist tiefgekühlt in fast allen Supermärkten erhältlich. Hummer müssen unbedingt lebend gekauft werden, wenn sie tot sind, bilden sich schnell Bakterien. Heben Sie den Hummer hoch, um sicherzugehen, dass er lebt. Sein Schwanz sollte sich dabei einrollen.*

ZUTATEN

FÜR 4 PERSONEN

4 große Strauchtomaten, halbiert
Salz und Pfeffer
4 EL ungesalzene Butter
2 EL Honig
250 g Mürbeteig (s. S. 14) oder 1 große Scheibe fertigen Blätterteig
2 Schalotten
2 Knoblauchzehen, Spross entfernt und gehackt
12 Fingerkartoffeln, geschält, in Salzwasser gar gekocht und in 3 mm dicke Scheiben geschnitten
2 Hummer, gekocht und das Fleisch aus dem Panzer geschält
1 Estragonzweig, gehackt

Ofen auf 180 °C vorheizen. Die Tomaten mit Salz bestreuen, damit sie Wasser ziehen. Abtropfen lassen und mit der Schnittseite nach oben auf 4 gusseiserne Pfannen von 15 cm Ø verteilen. Mit Pfeffer würzen und 2 EL Butter in Flöckchen auf den Tomaten verteilen. Den Honig darauf verstreichen und 5 Min. backen. Teig vierteln und auf jede Pfanne eine Schicht Teig legen. Weitere 5–7 Min. backen, bis der Teig gebräunt ist.

In der Zwischenzeit Schalotten und Knoblauch in 1 EL Butter in einer Pfanne auf mittlerer Flamme anbraten. Kartoffeln und 50 ml kaltes Wasser dazugeben. Unter vorsichtigem Rühren 2 Min. köcheln lassen. Das gekochte Hummerfleisch dazugeben und 1 Min. weiterköcheln, bis es warm ist. Den restlichen 1 EL Butter unterrühren. Mit dem gehackten Estragon bestreuen.

Zum Servieren mit einem Messer den Rand der Tatin von der Pfanne lösen, einen Teller darauflegen und stürzen. Mit den restlichen Pfannen wiederholen. Hummer und Kartoffeln daraufgeben und servieren.

COQ AU VIN

Huhn in Wein

Jede Region in Frankreich ist für ein bestimmtes Gericht bekannt, welches das typische Zutatenangebot der Gegend widerspiegelt. Im Burgund ist es – wie sollte es anders sein – der Wein, der aus der Küche kaum wegzudenken ist! In Frankreich würde dieses Rezept mit einem Schwarzburgunder zubereitet werden. Sie können es also echt französisch mit einem solchen Rotwein versuchen, oder Sie verwenden einen ähnlichen Wein aus Ihrer Gegend. Da Sie das Rezept sicherlich mehr als einmal zubereiten werden, können Sie ja selbst ein bisschen experimentieren – bestimmt werden Sie Ihren persönlichen Weinbegleiter für dieses Gericht entdecken. Beachten Sie lediglich die Goldene Regel der Franzosen: Guter Wein macht besseres Essen.

Tipp: Planen Sie ein, dass das Hühnchen mindestens 12 Std. marinieren sollte. Demiglace ist eine fertige Sauce, die bei manchen Metzgern und in vielen Delikatessenläden erhältlich ist.

ZUTATEN

FÜR 4–6 PERSONEN

1 Hühnchen von ca. 2 kg
1 l Hühnerbrühe (s. S. 10) oder fertig gekauft
2 EL Olivenöl
Salz und Pfeffer
2 Karotten, gehackt
1 Zwiebel, gehackt
1 Schalotte, gehackt
1 Knoblauchknolle, ungeschält, halbiert
1 Bouquet garni (s. S. 10)
1 l Demiglace

Für die Marinade:

1 Knoblauchknolle, ungeschält, halbiert
1 Schalotte, gehackt
1 Zwiebel, gehackt
2 Karotten, gehackt
schwarze Pfefferkörner
1 1/2 l trockener Rotwein
1 Bouquet garni (s. S. 10)
4 EL Marc de Bourgogne oder Cognac

Als Beilage:

100 g Speck (vom Schweinebauch)
250 g kleine weiße Champignons
250 g Perlzwiebeln (tiefgekühlt, wenn frische nicht erhältlich sind), geschält
1 TL Zucker
1/2 TL ungesalzene Butter
1 EL glatte Petersilie, fein gehackt
einige Thymianzweige, zum Garnieren

Hühnchen in 8 Stücke zerteilen und in eine nichtmetallische Schüssel geben. Alle Zutaten für die Marinade vermischen, über das Hühnchen geben und mit Klarsichtfolie abgedeckt im Kühlschrank mindestens 12 Std. marinieren lassen. Abgießen und die Marinade aufbewahren. Ofen auf 180 °C vorheizen. Hühnerbrühe in einem kleinen Topf aufkochen, Verunreinigungen und Schaum abschöpfen. In einem Bräter das Olivenöl erhitzen. Die Hühnchenstücke mit Salz und Pfeffer würzen. Mit der Hautseite zuerst in das Olivenöl geben und von allen Seiten anbräunen. Überschüssiges Fett aus dem Topf abgießen. Karotten, Zwiebel, Schalotte und Knoblauch hineingeben und 1 Min. anbraten. Bouquet garni, Hühnerbrühe, Demiglace und die Marinierflüssigkeit dazugeben und aufkochen. Aufsteigende Verunreinigungen abschöpfen. Abdecken und im Ofen 2 Std. backen. Hühnchen auf eine Servierplatte geben und warm halten. Die Sauce durch ein Sieb geben, wieder in den Topf füllen und einkochen lassen. In der Zwischenzeit die Beilage zubereiten. Speck in 2,5 cm x 6 mm x 6 mm große Streifen schneiden, sodass jeder Streifen etwas Fleisch und Fett enthält. In einer Pfanne goldbraun anbraten. Pilze dazugeben und 3 Min. goldbraun und weich braten. Abtropfen lassen und beiseitestellen. Perlzwiebeln, Zucker und Butter in einen kleinen Topf geben und gerade mit so viel Wasser aufgießen, dass die Zwiebeln bedeckt sind. Aufkochen und leicht köcheln lassen, dabei gelegentlich den Topf schwenken, bis die Zwiebeln weich sind und die Flüssigkeit fast verdampft ist – während das Wasser verdunstet, werden die Zwiebeln durch den Zucker mit einer Glasur überzogen. Heiße Sauce über das Hühnchen gießen. Speck, Pilze und Perlzwiebeln darüber verteilen. Mit Petersilie bestreuen und mit einigen Thymianzweigen garnieren.

ESCALOPE DE VEAU AU COMTÉ

Panierte Kalbsschnitzel mit Comté-Käse

Dieses bodenständige Gericht aus den französischen Bergregionen ist schnell zubereitet und lecker. Man könnte es als die französische Version von Kalbsscaloppini bezeichnen. Der Unterschied liegt eigentlich nur im französischen Käse.
Tipp: Kalbsjus ist bei Metzgern und in Delikatessenläden erhältlich.

ZUTATEN

FÜR 4 PERSONEN

2 EL getrocknete ganze Morcheln
600 g Kalbsrücken oder Filet ohne Knochen
100 g Comté (oder 4 Scheiben)
50 g Mehl
2 große Eier
1 EL glatte Petersilie, fein gehackt
100 g Semmelbrösel
1/4 l Kalbsjus
1/4 l Schlagsahne
175 g ungesalzene Butter
Salz und Pfeffer

In einer kleinen Schüssel etwa 2 EL kochendes Wasser über die Morcheln gießen und einweichen lassen. Das Fleisch in 8 etwa 5 mm dicke Scheiben schneiden. Mit einem Fleischklopfer jede Scheibe flach klopfen und zu gleich großen Stücken schneiden. Je eine Scheibe Comté zwischen zwei Fleischstücke legen. Zum Panieren Mehl in einen tiefen Teller geben, die Eier mit der Petersilie in einem zweiten Teller leicht verschlagen und die Semmelbrösel in einen dritten Teller geben. Fleisch durch das Mehl ziehen, beide Seiten in das verschlagene Ei tauchen und mit Semmelbröseln panieren. Überschüssige Semmelbrösel abschütteln. Panierte Schnitzel auf einen Teller legen und im Kühlschrank aufbewahren, bis sie benötigt werden. Morcheln abgießen, die Flüssigkeit aber aufbewahren. Kalbsjus und Morcheln in einem Topf auf mittlerer Flamme 2 Min. kochen. Sahne und Einweichflüssigkeit der Pilze dazugeben. Sanft köcheln lassen, bis die Sauce die Rückseite eines Löffels überzieht. In der Zwischenzeit Butter in einer großen antihaftbeschichteten Pfanne auf mittlerer Flamme schmelzen. Gefüllte Schnitzel darin von beiden Seiten goldbraun und halb durch anbraten. Mit der Sauce servieren.

POULET DE GRAIN RÔTI

Brathähnchen au Jus

Manchmal ist die französische Küche sehr kompliziert, manchmal ganz einfach. Hühnchen ist ein typisch französisches Gericht und wir kennen zahlreiche Arten, es zu servieren. Dieses Gericht ist ganz einfach – und deshalb einfach herrlich!

ZUTATEN

FÜR 4 PERSONEN

2 Brathähnchen à 2 kg
125 g ungesalzene weiche Butter
Salz und Pfeffer
1 Knoblauchknolle, ungeschält, halbiert
2 Lorbeerblätter
2 Thymianzweige
1 Zitrone, in Scheiben, die Enden entfernt
125 g Zitronenbutter (s. S. 20)
4 Karotten, geschält und halbiert
1 Selleriestange, halbiert
2 Zwiebeln, geschält und halbiert

Ofen auf 160 °C vorheizen. Hähnchen innen und außen abspülen und mit Küchenpapier trocken tupfen. Die Außenseiten mit Butter bestreichen, die Innenseiten mit Butter, Salz und Pfeffer würzen. Knoblauch, Lorbeerblätter, Thymian und Zitronenscheiben in die Bauchhöhlen geben. Haut über Hähnchenbrüsten und -schenkeln lösen und das Fleisch mit Zitronenbutter einreiben, dabei aber aufpassen, dass die Haut nicht einreißt. Beide Hähnchen verschnüren, indem man sie mit der Brust nach oben auf eine Arbeitsfläche legt. Mit einem Bindfaden, der etwa dreimal so lang wie das Hähnchen ist, die Beine zusammenbinden, dann die Schnur auf beiden Seiten Richtung Flügel ziehen, sodass die Beine eng am Körper liegen. Hähnchen umdrehen und die Schnur über den Flügeln fest zusammenbinden. Überflüssige Schnur abschneiden.

Auf den Boden einer breiten flachen Auflaufform ein Bett aus Karotten, Sellerie und Zwiebeln anrichten und die Hähnchen darauflegen. Etwa 1 Std. backen, dabei alle 15 Min. um ein Viertel drehen, bis sie rundum goldbraun sind. Aus dem Ofen nehmen und 5 Min. ruhen lassen.

Für die Jus überschüssiges Fett aus der Form abgießen. Bräter bei mittlerer Flamme auf den Herd stellen und erhitzen. Mit 1/8 l kaltem Wasser ablöschen und angebratene Reste mit einem Holzlöffel vom Boden kratzen. Hitze etwas reduzieren und die Sauce einkochen, bis sie die gewünschte Konsistenz erreicht hat. Durch ein Sieb gießen und warm halten.

Bindfaden von den Brathähnchen entfernen. Beide Hähnchen mit einem scharfen Messer entlang des Rückgrats halbieren. Pro Person ein halbes Hähnchen mit etwas Sauce und Ihrem Lieblingsgemüse servieren.

MAGRET DE CANARD
À L'ORANGE ET GRAND MARNIER

Entenbrust Apicius mit Orange und Grand Marnier

Dieses Gericht schmeckt köstlich mit jungen, in Orangensaft und Safran gedünsteten Karotten oder mit in Entenschmalz gebackenen Bratkartoffeln. Entenschmalz gibt es bei Metzgern, in Delikatessenläden und in manchen Supermärkten.

ZUTATEN

FÜR 4 PERSONEN

je 1/2 EL gemahlene Korianderkapseln, Kardamom, Ingwer und Piment
3 EL Honig
2 Entenbrüste
2 EL weißer Essig
4 Orangen, geschält und filetiert
1/2 TL Safran
3 EL Grand Marnier
2 EL Marsala
550 ml Entenbrühe
Salz und Pfeffer

Gewürze in einer kleinen Schüssel mit 1 EL Honig vermischen.

Entenbrüste in einer schweren Pfanne bei mittlerer Flamme auf der Hautseite knusprig braten. Ausgetretenes Fett abgießen. Entenbrüste umdrehen und mit der Honigmischung bestreichen. Weitere 2 Min. braten. Aus der Pfanne nehmen und warm halten.

In derselben Pfanne Essig, restlichen Honig, Orangenfilets und Safran vermischen und aufkochen. Grand Marnier und Marsala unterrühren. Entenbrühe angießen, mit Salz und Pfeffer würzen und langsam auf die gewünschte Konsistenz einkochen lassen.

Ente mit einem scharfen Messer in Scheiben schneiden und diese auf einer Servierplatte anrichten. Sofort mit der Sauce servieren.

CÔTES LEVÉES DE BOEUF
BOURGUIGNON

Rinderrippchen Bourguignon

Dieses klassische französische Gericht ist dankbar und gelingt immer. Es lässt sich gut im Voraus zubereiten, ich finde sogar, dass es besser schmeckt, wenn es etwas Zeit zum Ziehen hatte. Ich benutze hochwertigeres Fleisch, als die meisten anderen Rezepte es verlangen. Für mich gilt der Anspruch, dass alle Zutaten beste Qualität haben sollten, immer. Hier verwende ich Rippchen.

Tipp: Demiglace ist eine fertige Sauce, die bei Delikatessenläden, Metzgern und einigen Supermärkten erhältlich ist.

ZUTATEN

FÜR 6 PERSONEN

1 kg Rinderrippchen, ohne Knochen, in etwa 4 cm große Würfel geschnitten
Salz und Pfeffer
80 g Mehl
1 Zwiebel, gehackt
1 Karotte, gehackt
150 g Knollensellerie, gehackt
1/2 Stange Lauch, dunkelgrüner Teil entfernt, gehackt
2 Knoblauchzehen, Spross entfernt, gehackt
2 Thymianzweige
1 Lorbeerblatt
1 1/2 l Demiglace
3/4 l trockener Rotwein
1 Bund junge Karotten mit Grünzeug
16 Perlzwiebeln, geschält
125 g Speck (vom Schweinebauch)
4 EL Olivenöl
125 g kleine weiße Champignons, geviertelt
1 EL glatte Petersilie, fein gehackt

Fleisch mit Salz und Pfeffer würzen und im Mehl wenden. Überschüssiges Mehl abschütteln. Olivenöl in einem Bräter auf mittlerer Flamme erhitzen. Fleisch von allen Seiten schnell goldbraun braten, wenn nötig auf mehrere Portionen verteilt. Sobald alles gebräunt ist, überschüssiges Fett abgießen und Topf mit Fleisch wieder auf die Flamme stellen. Zwiebel, Karotte und Sellerie dazugeben. Weich und glasig dünsten, aber nicht bräunen lassen. Lauch und Knoblauch hinzufügen und ebenfalls kurz andünsten. Thymian und Lorbeerblatt dazugeben. In einem schweren Topf Demiglace und Rotwein erhitzen.

Fleisch und Gemüse aus dem Bräter nehmen und mit 50 ml kaltem Wasser ablöschen. Angebratene Reste mit einem Holzlöffel vom Boden abkratzen. Um die Hälfte einkochen und Fleisch sowie Gemüse zurück in den Topf geben. Heiße Demiglace und Wein dazugeben. Etwa 1 1/2– 2 Std. köcheln lassen, bis das Fleisch weich ist. In der Zwischenzeit junge Karotten schälen, das Grün jedoch nicht abschneiden.

Perlzwiebeln in einem kleinen Topf mit kochendem Wasser weich kochen und beiseitestellen. Die jungen Karotten ebenso kochen und beiseitestellen. Speck in 2,5 cm x 6 mm x 6 mm große Streifen schneiden, die je etwas Fleisch und Fett enthalten. Olivenöl in einer großen Pfanne auf mittlerer Flamme erhitzen. Speck hineingeben und braten, bis das Fett fast vollständig ausgelassen ist. Pilze dazugeben und braten, bis sie gar sind und der Speck goldbraun ist. Auf Küchenpapier abtropfen lassen.

Fleisch aus der Kochflüssigkeit nehmen und abgedeckt warm halten. Die Kochflüssigkeit in einen sauberen Topf abseihen. Auf mittlerer Flamme einkochen, bis sie Saucenkonsistenz hat und die Rückseite eines Holzlöffels gleichmäßig überzieht. Pilze, Speck und Zwiebeln unterrühren.

Zum Servieren das Fleisch in eine flache Servierschale geben. Die Pilz-Zwiebel-Sauce darübergießen, mit den jungen Karotten garnieren und mit Petersilie bestreuen.

POULET DE CORNOUAILLES
EN CRAPAUDINE
Schnell geröstetes Stubenküken

Das französische Wort „crapaudine" bedeutet „Kröte" und erklärt das Aussehen des Geflügels vor dem Braten: froschähnlich. Es wird flach gedrückt, um die Garzeit zu verringern und die Menge an knuspriger Haut zu erhöhen, da ein größerer Teil der Haut direkter Hitze ausgesetzt ist.

Tipp: Planen Sie ein, dass das Geflügel mindestens 3 Std. oder über Nacht marinieren sollte.

ZUTATEN

FÜR 4 PERSONEN

2 Stubenküken à 360 g
1/8 l Olivenöl
abgeriebene Schale und Saft von 2 Zitronen
2 Knoblauchzehen, Spross entfernt und fein gehackt
1 Thymianzweig, Blätter fein gehackt
2 EL weiche Zitronenbutter (s. S. 20)

Stubenküken innen und außen abwaschen und mit Küchenpapier trocken tupfen. Mit einer Geflügelschere oder einem scharfen Messer das Rückgrat entfernen. Küken aufklappen und den Brustknochen herausziehen. So kann man die Küken besser flach drücken und sie garen gleichmäßiger.

In einer mittelgroßen, nichtmetallischen Schüssel Olivenöl, Zitronenschale und -saft, Knoblauch und Thymian vermischen. Stubenküken darin wenden und mindestens 3 Std. oder über Nacht marinieren lassen.

Ofen auf 160 °C vorheizen. Stubenküken auf einem Grill oder in einer gusseisernen Pfanne 2 Min. auf der Hautseite anbraten. In eine Auflaufform geben und mit der Zitronenbutter bestreichen. 15 Min. backen, aus dem Ofen nehmen und vor dem Servieren 5 Min. ruhen lassen.

HACHIS PARMENTIER

Shepherd's Pie

Ich bin immer wieder überrascht wenn die Leute lachen, weil ich sage, dieser Hackfleisch-Auflauf könne mit übrig gebliebenem Bourguignon Rindfleisch (s. S. 151) zubereitet werden. Aber ich meine das tatsächlich ernst. Eigentlich ist Shepherd's Pie ein einfaches, bodenständiges Gericht. Man kann es aber auch sehr viel stilvoller zubereiten. Im Grunde handelt es sich um einen kräftigen Eintopf, der etwas eleganter präsentiert wird.

Tipp: Man kann auch einzelne Portionen in kleinen Ringformen zubereiten, die in verschiedenen Größen und Formen erhältlich sind. Wählen Sie tiefe Förmchen, die denselben Durchmesser wie die Pilze haben.

ZUTATEN

FÜR 4 PERSONEN

4 braune Riesenchampignons, Stiele und Lamellen entfernt
2 EL Olivenöl
Salz und Pfeffer
1 EL Trüffelpaste (nach Belieben)
150 g ungesalzene Butter
2 Schalotten, gehackt
1 Zwiebel, gehackt
1 kg Kartoffelbrei (gern übrig gebliebener vom Vortag)
2 EL Clotted Cream oder Sahne mit 45% Fett
625 g Rinderhackfleisch (übrig gebliebenes)
Semmelbrösel zum Bestreuen

Ofen auf 190 °C vorheizen. Pilze in Scheiben schneiden (oder ganz lassen, wenn Sie einen kleinen Ring für jede Person zubereiten). In Olivenöl auf mittlerer Flamme anbraten. Mit Salz und Pfeffer würzen und gegebenenfalls die Trüffelpaste dazugeben. 125 g Butter in dieselbe Pfanne geben. Schalotten und Zwiebeln darin weich braten, aber keine Farbe annehmen lassen. Kartoffelbrei und Sahne in einer Schüssel vermischen.

Einen Teil der Pilz-Zwiebel-Mischung auf dem Boden einer Auflaufform verteilen. Eine Schicht Fleisch darübergeben und wiederholen, bis alles aufgebraucht ist. Den Kartoffelbrei daraufstreichen und diesen wiederum mit Semmelbröseln bestreuen. Die restlichen 2 EL Butter in Flöckchen daraufsetzen. Etwa 20–30 Min. backen, bis die Oberfläche leicht gebräunt ist.

Für einzelne kleine Portionen runde Förmchen auf ein mit Backpapier ausgelegtes Blech stellen. Die Pilzhüte als Boden hineingeben. Jede Zwiebel- und Fleischschicht gut andrücken und auch den Kartoffelbrei fest nach unten drücken. Mit Semmelbröseln bestreuen und Butterflöckchen daraufsetzen. In den Förmchen wie oben angegeben backen.

CARRÉ DE VEAU

AUX CHANTERELLES ET RAGOÛT DE SALSIFIS

Kalbskotelett mit Pfifferlingen und Schwarzwurzelragout

Wegen der Ernte im Herbst und des späten Angebots (November-März) wird die Schwarzwurzel gern Winterspargel genannt. Sie schmeckt unverkennbar, eigenartig mild und würzig-säuerlich und passt gut zu Fleisch und Geflügel.

ZUTATEN

FÜR 4 PERSONEN

800 g Kalbskotelett
375 ml trockener Weißwein
550 ml helle Kalbsbrühe
1 Bouquet garni (s. S.10)
1 Thymianzweig
Salz und Pfeffer
150 g kleine weiße Champignons
550 ml Schlagsahne
150 g Pfifferlinge, blanchiert
30 g ungesalzene Butter
3–4 Schwarzwurzeln, geschält und in 5 cm lange Stücke geschnitten

Kalbfleisch in einem Bräter von allen Seiten scharf anbraten, herausnehmen und das überschüssige Fett aus dem Topf entfernen. Wein, Brühe, Bouquet garni, Thymian, Salz und Pfeffer in den Topf geben und aufkochen. Champignons und Kalbfleisch dazugeben, abdecken und etwa 30 Min. köcheln lassen.

Das Fleisch herausnehmen und warm halten. Die Flüssigkeit auf die Hälfte einkochen. Sahne hinzufügen und wieder um die Hälfte reduzieren lassen. Blanchierte Pfifferlinge unterrühren.

Butter in einer Pfanne schmelzen. Schwarzwurzeln etwa 1 Min. darin anbraten. Mit etwa 1/8 l Wasser bedecken. Schwarzwurzeln kochen, bis das Wasser verdunstet ist.

Servieren Sie das Fleisch mit Schwarzwurzeln und Pilzsauce.

POT-AU-FEU

Rindfleischeintopf

Es sind gerade die einfachen Aromen, die das klassisch Französische ausmachen. Die klare Brühe betont die Zutaten ohne sie zu überdecken, wie es manchmal bei schweren Saucen passiert. Dazu passen saure Gürkchen, Dijonsenf und gegrilltes oder getoastetes Baguette.

ZUTATEN

FÜR 6 PERSONEN

2 1/2 l kaltes Wasser
500 g Rinderrippchen
500 g Rinderbacken, in Stücke geschnitten
500 g Rinderunterschale, in Stücke geschnitten
1 Zwiebel
1 Lorbeerblatt
1 Nelke
1 Bouquet garni (s. S. 10)
1 Knoblauchknolle, ungeschält, halbiert
Salz und Pfeffer
6 Rindermarkknochen à 5 cm, in ein Tuch gewickelt
6 Karotten, geschält
6 weiße Rüben, geschält, halbiert
3 Pastinaken, geschält
weißer Teil von 3 Stangen Lauch, grob gehackt
1/2 Sellerieknolle, gehackt
1 EL glatte Petersilie, gehackt

In einem Bräter Rippchen, Backen und Unterschale mit kaltem Wasser bedecken. Aufkochen und 1 Std. köcheln lassen, dabei aufsteigende Verunreinigungen abschöpfen. Zwiebel mit Lorbeerblatt und Nelke spicken, mit Bouquet garni, Knoblauch, Salz und Pfeffer in den Topf geben. 1 Std. köcheln lassen. Eingewickelte Markknochen in den Topf geben. Karotten, Rüben, Pastinaken, Lauch und Sellerie dazugeben. Etwa 20–30 Min. köcheln lassen, bis das Gemüse weich ist. Fleisch und Knochen aus dem Topf nehmen und das Tuch entfernen. Mit dem Gemüse auf einer Platte arrangieren. Mit Petersilie bestreuen. Die Brühe durch ein feines Sieb gießen und mit Fleisch und Gemüse servieren.

JARRET D'AGNEAU BRAISÉ AUX ÉPICES

Marokkanisch gewürzte Lammkeulen

Dieses nach marokkanischer Art zubereitete Lamm spiegelt die koloniale Vergangenheit Frankreichs wider. Es schmeckt aromatisch und würzig, aber nicht scharf. Exotisch, aber nicht abgehoben. Dazu passt ein Salat mit geröstetem Wintergemüse (s. S. 78).

ZUTATEN

FÜR 4 PERSONEN

3 EL Olivenöl
4 Lammkeulen
1 Zwiebel, gehackt
1/4 l trockener Weißwein
1/4 l Hühnerbrühe (s. S. 10)
1 Karotte
1 Stange Lauch
1/2 Sellerieknolle
1 Strauchtomate, entkernt und gehackt
1 Orange, in Scheiben geschnitten, die Enden entfernt
4 Sternanis
2 Zimtstangen
1 Lorbeerblatt
1 Minzezweig
1 Basilikumzweig
1/2 Knoblauchknolle
4 cm Ingwer, geschält
2,5 cm Galgant, geschält
1 TL Korianderkörner
1/2 TL Kardamom

Ofen auf 160 °C vorheizen. In einem Bräter 2 EL Öl erhitzen. Lammkeulen hineingeben und auf mittlerer Flamme von allen Seiten gut bräunen. Herausnehmen und beiseitestellen. Das Öl aus dem Bräter entfernen, die Bratsäfte und -reste aber darin lassen. Im selben Topf die Zwiebel im restlichen Olivenöl anbraten. Mit Wein und Brühe ablöschen und die Lamm- und Zwiebelreste mit einem Holzlöffel vom Topfboden kratzen. Das Fleisch und die restlichen Zutaten hinzufügen und aufkochen. Abdecken und im Ofen etwa 1 1/2 Std. backen, bis das Fleisch weich ist. Lammkeulen auf eine Servierplatte geben und warm halten. Die Sauce durch ein Sieb gießen und zurück in den Topf geben. Auf großer Flamme einkochen, bis die Sauce die gewünschte Konsistenz hat. Zum Servieren die Sauce über die Keulen gießen.

Desserts
Desserts

GÂTEAU D'ORANGES AU RHUM

Orangenkuchen mit Rum und kandierter Orangenschale

Dieser exotische Kuchen bleibt lange saftig und hält sich auch über ein paar Tage gut frisch. Er eignet sich hervorragend für unterwegs und gehört einfach in jeden Picknick-Korb.

Kandierte Zitrusschale ist eine raffinierte Dekoration für Eiscreme, Kuchen, Früchte und Sorbets. Sie kann aus der Schale jeder beliebigen Zitrusfrucht hergestellt werden. Da die weiße Innenschale bitter ist, sollte man sie weitgehend entfernen, bevor man die äußere Schale kandiert.

Tipp: Vanillezucker kann man leicht selbst herstellen, indem man eine Vanilleschote mit Zucker in ein Schraubglas gibt und mindestens eine Woche – besser aber einen Monat – stehen lässt. Echter Vanillezucker ist natürlich auch in Supermärkten erhältlich.

ZUTATEN

FÜR 6–8 PERSONEN

Für die kandierte Orangenschale:

2 große Orangen

2 EL Zucker

Für den Kuchen:

170 g Zucker

2 EL Vanillezucker

4 Eigelb

80 g Mehl

75 g ungesalzene Butter, geschmolzen

3 EL Rum (weißer oder dunkler)

4 Eiweiß

1 Prise Salz

Für die kandierte Orangenschale Orangen mit einem Messer oder Sparschäler so dünn wie möglich abschälen, dabei so viel weiße Innenhaut zurücklassen wie möglich. Die Schale in dünne Streifen schneiden. In kochendem Wasser 2 Min. blanchieren und abgießen. Diesen Prozess dreimal wiederholen, um die Bitterstoffe zu vermindern. Zucker mit 2 EL Wasser in einem kleinen Topf erhitzen. Die blanchierte Orangen-

schale dazugeben und 5–10 Min. kochen, bis die Schale weich und fast durchsichtig ist. Mit einem Schaumlöffel aus dem Sirup nehmen und auf einem Rost trocknen lassen. In einem luftdichten Behälter aufbewahrt hält die kandierte Schale sich mehrere Monate.

Für den Kuchen den Ofen auf 200 °C vorheizen.

Kandierte Orangenschale hacken. Zucker, Vanillezucker und Eigelbe verschlagen. Nach und nach das Mehl unterrühren. Geschmolzene Butter, 1 EL Rum und die kandierte Orangenschale dazugeben.

In einer Metallschüssel Eiweiße mit einer Prise Salz steif schlagen. Vorsichtig unter den Teig heben. Teig in eine Kastenform geben, 10 Min. backen, dann die Temperatur auf 180 °C reduzieren. Weitere 20 Min. backen, bis die Oberfläche golden ist und ein hineingestochener Zahnstocher sauber herauskommt.

Kuchen aus dem Ofen nehmen. Solange er noch heiß ist, mit 2 EL Rum beträufeln. In der Form auf einem Rost 10 Min. ruhen lassen, dann aus der Form stürzen und vollständig abkühlen lassen. Mit Vanilleeis, Vanillesauce oder einem Orangensalat servieren.

ÎLES FLOTTANTES

Schwimmende Inseln

Diese klassische französische Nachspeise ist ein echtes Wohlfühl-Dessert. Meine Variante ist leichter, da sie keine Sahne enthält, und eignet sich perfekt als Abschluss eines üppigen Essens.

***Tipp:** Dieses Dessert kann 6–12 Std. im Voraus zubereitet werden. Mit Klarsichtfolie abgedeckt im Kühlschrank aufbewahren, aber Vorsicht die Folie darf das Dessert nicht berühren, sonst klebt sie an der Oberfläche fest.*

ZUTATEN

FÜR 4 PERSONEN

Butter und Mehl,
zum Vorbereiten der Form
6 Eiweiß
1 Prise Salz
125 g Zucker
Saft von 1 Zitrone

Ofen auf 160 °C vorheizen. Eine Springform von etwa 20 cm Ø und 5 cm Höhe oder eine vergleichbar große rechteckige Form einfetten und leicht mit Mehl bestäuben.

Eiweiße mit 1 Prise Salz mindestens 5 Min. schlagen, bis sich steifer Eischnee gebildet hat. Weiterschlagen und nach und nach den Zucker dazugeben. Dann langsam den Zitronensaft unterrühren. Eischnee in die Form geben und 5–10 Min. backen, bis die Oberfläche sich ganz leicht golden verfärbt. Aus dem Ofen nehmen und in der Form abkühlen lassen. Sobald es erkaltet ist, mit einem Plätzchenausstecher Quadrate oder Kreise ausstechen. Bis zum Servieren im Kühlschrank aufbewahren.

Mit Vanillesauce und etwas heißem Karamell bzw. mit einem Karamellgitter servieren.

SOUFFLÉ AU GRAND MARNIER

Grand Marnier-Soufflé

Eine alte Küchenweisheit besagt, dass die Gäste auf ein Soufflé warten, aber nicht umgekehrt. Beim Soufflé ist das perfekte Timing wichtig: Es muss sofort serviert werden, wenn es fertig gebacken ist. Dem Gastgeber wird sein 20-minütiges Verschwinden sicherlich gerne vergeben, sobald diese fluffig-leichte Köstlichkeit serviert wird. Dieses himmlische Soufflé lässt Ihre Gäste vor Begeisterung aus allen Wolken fallen!
Tipp: Konditorcreme kann bis zu 2 Tage im Voraus zubereitet und im Kühlschrank aufbewahrt werden.

ZUTATEN

FÜR 4 PERSONEN

Für die Konditorcreme:

1/2 l Vollmilch
Eiswürfel für ein Eisbad
150 g Zucker
4 Eigelb
30 g Stärke
4 EL Grand Marnier (nach Belieben)

Für das Soufflé:

Butter und Zucker für die Souffléform
4 Eiweiß
1 Prise Salz
50 g Zucker
Saft von 1/2 Zitrone
Souffléform mit 1 1/2 l Inhalt oder 4 kleine Förmchen
Puderzucker, zum Bestäuben

Für die Konditorcreme in einem Topf mit schwerem Boden Milch aufkochen. Sobald sie zu kochen beginnt, vom Herd nehmen und leicht abkühlen lassen. In der Zwischenzeit eine große Schüssel mit Eiswürfeln füllen, sie wird später zum Kühlen benötigt.

In einer Schüssel, die klein genug ist, um in der Eiswürfelschüssel zu stehen, Zucker und Eigelbe dick und hell schlagen. Stärke hinzufügen und gut unterrühren. Die heiße Milch nach und nach durch ein Sieb dazugeben und vorsichtig unterrühren.

Die Mischung in den Topf geben und die nun leere kleine Schüssel auf das Eis stellen. Die Mischung unter ständigem Rühren im Topf aufkochen. Wenn sich Klümpchen bilden, den Topf vom Herd nehmen, Rühren, bis sie verschwunden sind, und wieder auf den Herd stellen. Sobald die Mischung zu kochen beginnt, in die Schüssel auf dem Eis gießen. Beim Abkühlen gelegentlich umrühren. Sobald die Creme ganz abgekühlt ist, mit Klarsichtfolie abdecken und im Kühlschrank aufbewahren. Vor dem Verwenden leicht und luftig schlagen. Grand Marnier hinzufügen und gut unterrühren. Für das Soufflé den Ofen auf 200 °C vorheizen.

Eine Souffléform gut mit Butter einfetten und mit Zucker ausstreuen.

Eiweiße mit 1 Prise Salz in einer mittelgroßen Schüssel steif schlagen. Nach und nach unter Rühren den Zucker hinzufügen, bis eine glänzende Baisermasse entstanden ist. Den Zitronensaft unter ständigem Rühren nach und nach dazugeben.

Mit einer Palette ein Viertel des Eischnees unter die Konditorcreme heben. Dann den Rest vorsichtig unterheben. Die vorbereitete Form bis zum Rand füllen. Um Luftblasen zu entfernen, die Form einige Male fest auf die Arbeitsplatte klopfen.

Die Oberfläche mit einer Palette glatt streichen. Teigreste mit einem sauberen, trockenen Tuch vom Rand der Form abwischen. Mit einer Messerspitze vorsichtig um den Rand der Form fahren, um die Oberflächenspannung zu brechen. Das Soufflé geht dann gleichmäßiger auf.

10 Min. backen, dann die Temperatur auf 180 °C verringern. Weitere 5 Min. backen, bis das Soufflé aufgegangen und leicht gebräunt ist. Während der Backzeit die Ofentür keinesfalls öffnen. Aus dem Ofen nehmen, mit Puderzucker bestreuen und sofort servieren.

GÂTEAU AUX BANANES

Bananenkuchen

Dieser fruchtige Kuchen verdankt sein verführerisches Aroma der reifen Banane sowie ein paar Spritzern Rum. Er begeistert die Gäste als frisches Kuchendessert nach dem Mittag- oder Abendessen, passt aber natürlich auch zum Frühstück oder zum Nachmittagskaffee.

ZUTATEN

FÜR 6–8 PERSONEN

125 g ungesalzene Butter, geschmolzen
170 g Zucker
2 Eier
125 g Mehl
1 1/2 TL Backpulver
1 reife Banane, zerdrückt
125 g Frischkäse, weich gerührt
etwas Rum

Ofen auf 180 °C vorheizen. In einer mittelgroßen Schüssel Butter und Zucker schaumig rühren. Die Eier dazugeben und weiterrühren. Mehl und Backpulver untermengen, bis ein glatter Teig entstanden ist. Dann Banane und Frischkäse hinzufügen. Teig in eine gefettete und mit Mehl bestäubte Kastenform geben. Im Ofen 25–35 Min. backen, bis ein hineingestochener Zahnstocher sauber herauskommt.

Mit Rumsauce oder Eiscreme mit Rumgeschmack servieren.

TARTE AU CITRON

Zitronen-Tarte

Meiner Meinung nach gelingt ein gutes Gericht, weil es einfach ist und Aromen in ihrer natürlichen Form verwendet werden, oder aufgrund komplexer Kompositionen, bei denen verschiedene Aromen gekonnt aufeinander abgestimmt werden. Diese Tarte besticht einfach mit dem natürlichen Geschmack der Zitrone – intensiv und wunderbar!

ZUTATEN

ERGIBT EINE TARTE MIT 23 CM Ø

250 g süßer Mürbeteig (s. S. 15)
4 Eier
200 g Puderzucker
125 g ungesalzene Butter, geschmolzen
abgeriebene Schale von 3–4 Zitronen
Saft von 4 Zitronen

Den Mürbeteigboden nach Rezeptanleitung blindbacken (s. S. 14). Auf einem Rost beiseitestellen und leicht abkühlen lassen. Die Ofentemperatur auf 150 °C verringern.

In einer mittelgroßen Schüssel die Eier mit dem Zucker verschlagen. Geschmolzene Butter, Zitronenschale und -saft hinzufügen und gut verrühren. Diese Mischung auf den noch leicht warmen Mürbeteigboden gießen. Weitere 15 Min. backen, bis die Füllung gestockt ist. Aus dem Ofen nehmen und abkühlen lassen. Mit Vanilleeis servieren.

TARTE TATIN

Gestürzter Apfelkuchen

Dieses Dessert eignet sich hervorragend für den Winter. Das Besondere an diesem Kuchen ist, dass er verkehrt herum in einer Pfanne gebacken wird und beim Servieren deren Form beibehält. Hübsch anzuschauen – Ihre Gäste werden staunen! Servieren Sie dazu Vanilleeis oder Crème fraîche.

Tipp: Tiefgekühlten Blätterteig führen die meisten Supermärkte.

ZUTATEN

FÜR 4 PERSONEN

50 g ungesalzene Butter
2–3 EL Puderzucker
Butter und Zucker, zum Karamellisieren
4 Granny Smith-Äpfel, geschält, entkernt und in dicke Spalten geschnitten, abgeschnittene Reste aufbewahren
250 g Mürbeteig (s. S. 14) oder 1 große Scheibe TK-Blätterteig

Butter in einer ofenfesten Pfanne mit 20 cm Ø auf mittlerer Flamme schmelzen. Den Zucker gleichmäßig hineinstreuen.

Apfelspalten in konzentrischen Kreisen auf dem Zucker in der Pfanne anordnen, bis die Pfanne vollständig gefüllt ist. Apfelreste in Scheiben schneiden und darauflegen. Butterflocken daraufsetzen und mit 1 Prise Zucker bestreuen.

Die Äpfel auf kleiner Flamme 15–20 Min. garen, bis der Zucker mittelbraun karamellisiert ist. Versuchen Sie nicht, diesen Vorgang zu beschleunigen. Die Äpfel verlieren Saft, wenn sie weich werden und garen. Dieser muss erst verdunstet sein, damit sich Karamell bilden kann. Die Äpfel während des Garens leicht nach unten drücken und sicherstellen, dass sie den Boden der Pfanne richtig ausfüllen.

Wenn die Garzeit beendet ist, die Pfanne vom Herd nehmen, die Äpfel aber darin lassen.

Den Ofen auf 200 °C vorheizen, oder auf die empfohlene Temperatur für den gekauften Blätterteig. Teig zu einem Kreis ausrollen, der etwas größer als die Pfanne ist. Einige Löcher hineinstechen, damit heißer Dampf entweichen kann. Den Teig schnell auf die Äpfel geben, sodass die ganze Pfanne abgedeckt ist. Überschüssigen Teig abschneiden.

Etwa 20–25 Min. backen, bis der Teig goldbraun ist. Aus dem Ofen nehmen und in der Pfanne 10 Min. abkühlen lassen. Vorsichtig auf dem Herd einige Minuten erwärmen, um das Karamell vom Boden der Pfanne zu lösen. Auf eine Servierplatte stürzen. Der Kuchen ist nicht ganz fest und das Karamell sollte noch flüssig sein. Warm servieren.

MOUSSE AU CHOCOLAT
AUX FRUITS SECS

Mousse au Chocolat mit Trockenfrüchten

Diese himmlische Mousse ist ein wahrer Gaumenschmeichler und setzt einen aussagekräftigen Akzent zum Ende eines Menüs. Doch auch als Süßigkeit für zwischendurch kann man sie in Frankreich in fast jedem Kühlschrank vorfinden. Sie ist reichhaltig und süß, aber nicht zu schwer. Für ganz besondere Glücksmomente – bei Groß und Klein gleichermaßen beliebt!

Tipp:** **Da die Mousse mindestens 6 Std. gekühlt werden muss, wird dieses Dessert am besten einen Tag im Voraus zubereitet.

ZUTATEN

FÜR 4 PERSONEN

1 EL fein gewürfelte getrocknete Aprikosen
1 EL fein gewürfelte getrocknete Cranberries
1 EL fein gewürfelte getrocknete Mango
2 EL Grand Marnier
150 g dunkle Schokotropfen
125 g kalte ungesalzene Butter, gewürfelt
50 ml Schlagsahne
5 Eier, getrennt
1 Prise Salz

Die Trockenfrüchte 1 Std. in Grand Marnier einweichen. Schokolade über einem Wasserbad schmelzen. Die Butter dazugeben und rühren, bis sie sich mit der Schokolade verbunden hat. Dann die Sahne unterrühren.

In einer großen Schüssel die Eigelbe leicht verschlagen. Dann behutsam nach und nach die warme Schokolade dazugeben, damit die Eigelbe nicht gerinnen. Die marinierten Früchte unterrühren.

Die Eiweiße mit 1 Prise Salz zu festem Schnee schlagen. Vorsichtig unter die Schokoladenmischung heben. Die Mousse in Gläser füllen und mindestens 6 Std. im Kühlschrank fest werden lassen. Mit Schlagsahne, fein gehackten Früchten, Schokoladenspänen oder mit Puderzucker bestäubt servieren.

SORBET À LA CRÈME SUR

Sorbet von saurer Sahne

Dieses herrlich säuerliche Sorbet bildet einen gelungenen Kontrast zu sehr süßen Desserts. Servieren Sie es zum Beispiel mit Schokoladen- oder Orangenkuchen.

ZUTATEN

FÜR 4 PERSONEN

125 g Zucker
875 g saure Sahne
325 g Joghurt
Saft von 1 Zitrone
Saft von 1 Orange

Den Zucker in 1/8 l Wasser auf kleiner Flamme auflösen, dabei gelegentlich rühren, bis der Sirup klar ist. Hitze erhöhen und den Sirup aufkochen. Vom Herd nehmen und abkühlen lassen.

In einer Edelstahlschüssel den Sirup mit Saurer Sahne, Joghurt und den Säften glatt rühren. In eine Eismaschine füllen und nach Herstelleranleitung zu Sorbet rühren lassen.

CRÈME GLACÉE À LA VANILLE

Vanilleeis

Die meisten Leute wissen nicht, wie unterschiedlich der Geschmack von Vanille sein kann. Er hängt zum einen vom Anbaugebiet ab, zum anderen von der Zubereitungsweise des Vanillegerichts. Die spezielle Beziehung der französischen Küche zu diesem Gewürz ist aus der kolonialen Vergangenheit Frankreichs heraus zu erklären. Nur bei selbst hergestellter Eiscreme kann man sich sicher sein, dass frischeste, von Konservierungsstoffen freie Zutaten verwendet werden. Selbst gemachtes Vanilleeis ist nicht zu übertrumpfen und stellt so manches „langweilige Eis aus der Packung" in den Schatten.
Tipp: Vanillezucker kann man leicht selbst herstellen, indem man eine Vanilleschote mit Zucker in ein Schraubglas gibt und mindestens eine Woche – besser aber einen Monat – stehen lässt. Echter Vanillezucker ist jedoch auch in Supermärkten erhältlich.

ZUTATEN

ERGIBT ETWA 1 LITER

3/4 l Vollmilch
1 Tahiti-Vanilleschote
3 Espresso-Kaffeebohnen (dunkle Röstung)
8 Eigelb
175 g Zucker
2 EL Vanillezucker
1/4 l Schlagsahne

Milch in einem Topf erwärmen. Vanilleschote und Kaffeebohnen dazugeben und aufkochen. Dann vom Herd nehmen und 10 Min. ziehen lassen. Durch ein Sieb gießen, die Kaffeebohnen entfernen, die Vanilleschote aber aufbewahren. Eigelbe, Zucker und Vanillezucker in einer Schüssel in etwa 3–4 Min. zu einer dicken Masse schlagen. Vorsichtig die heiße Milch unterrühren. Zurück in den Topf geben, auf dem Herd leicht erwärmen und rühren, bis die Creme langsam dick wird. Sie darf nicht kochen, sonst gerinnt das Ei. Wenn die Creme die Rückseite eines Löffels überzieht und ein hindurchgezogener Löffel eine Spur hinterlässt, ist sie fertig. Vom Herd nehmen und die Sahne unterrühren. Vanilleschote längs aufschneiden und das Mark in die Creme kratzen. In eine Eismaschine geben und nach der Anleitung des Herstellers zu Eis rühren.

CRÈME CARAMEL

Crème Caramel

Die Crème Caramel gehört zu den Desserts, die mehr Eindruck schinden, als der Aufwand bei ihrer Zubereitung vermuten lässt. Sie gelingt bestimmt, man kann eigentlich nichts verkehrt machen. Es ist lediglich darauf zu achten, dass sie nicht zu lange gebacken wird. Ansonsten können Sie sich zurücklehnen, die Crème genießen und sich über das Lob Ihrer Gäste freuen.

ZUTATEN

FÜR 4 PERSONEN

425 g Zucker
6 Eier
1 l Milch
1/2 Vanilleschote oder
1 1/2 TL echten Vanilleextrakt

Für das Karamell 175 g Zucker in einem kleinen Topf gerade mit Wasser bedecken. Kochen, bis das Wasser verdunstet ist und das Karamell eine schöne tiefgoldene Farbe angenommen hat. Vom Herd nehmen und kurz stehen lassen, bis es aufhört zu köcheln. Den Boden von 4 kleinen Auflaufförmchen oder einer Souffléform mit 1 l Inhalt gleichmäßig mit dem Karamell bedecken. Den Ofen auf 160 °C vorheizen. Für die Creme Milch mit der Vanilleschote bzw. dem Vanilleextrakt in einem Wasserbad zum Kochen bringen. Vom Herd nehmen und 10–15 Min. ziehen lassen. In einer großen Schüssel die Eier mit den restlichen 250 g Zucker gut verschlagen. Vanilleschote aus der Milch nehmen und aufbewahren. Die Vanillemilch langsam unter Rühren in die Zucker-Ei-Mischung geben. Durch ein feines Sieb gießen. Vanilleschote aufschneiden, das Mark herauskratzen und unter die Creme rühren. In kleine Förmchen oder in eine große Souffléform gießen. Förmchen auf ein tiefes Backblech setzen. Dieses mit heißem Wasser füllen, sodass das Wasser bis zur halben Höhe der Förmchen reicht. Etwa 25–30 Min. backen, bis ein hineingestochener Zahnstocher sauber herauskommt. Vor dem Servieren vollständig abkühlen lassen. Mit einem Messer lösen und auf einen breiten Teller stürzen. Das Karamell ist flüssig und läuft am Pudding herab.

SABAYON DE FRAISES GRATINÉES

Erdbeergratin mit Sabayon

Bei diesem eleganten Dessert wird der Geschmack frischer Erdbeeren perfekt von der Sabayon abgerundet – Sabayon ist eine leichte schaumige Dessertsauce.

ZUTATEN

FÜR 4 PERSONEN

100 g frische Erdbeeren mit Stielen
4 EL Cointreau
4 EL Riesling
50 g Zucker
2 Eigelb
1 Ei
1 Minzezweig, Blätter fein gehackt

Erdbeeren mit Blättern und Stielen waschen, an der Luft trocknen lassen und dann erst entstielen und halbieren (oder vierteln, wenn sie sehr groß sind).

Cointreau und Riesling in eine kleine Schüssel geben. Die Erdbeeren dazugeben und 10–15 Min. ziehen lassen. Abgießen und beiseitestellen, die Flüssigkeit aber aufbewahren.

In einer mittelgroßen Metallschüssel Zucker, Eigelbe und Ei miteinander verschlagen. Die Cointreau-Riesling-Mischung unterrühren. Die Schüssel in ein Wasserbad stellen und vorsichtig erhitzen, währenddessen die Mischung leicht und luftig schlagen. Die Sabayon ist fertig, wenn sie glänzt und ein hindurchgezogener Löffel eine Spur hinterlässt.

Erdbeeren in eine Auflaufform geben und mit der Sabayon bedecken. Unter dem Ofengrill goldbraun grillen. Mit etwas gehackter Minze bestreuen und sofort servieren.

CLAFOUTIS AUX FRAMBOISES

Himbeer-Clafoutis

Diese Nachspeise stellt eine Art „Mittelding“ zwischen Auflauf und Kuchen dar. Ein dem Pfannkuchen ähnelder Eierteig wird mit Früchten belegt. Beim klassischen Clafoutis verwendet man Kirschen. Aber auch andere Obstarten sind denkbar, optimal ist eine Fruchtgröße, die etwa der der Kirschen entspricht. Ich hingegen verwende gerne Himbeeren, und diese spezielle Variation ist eine gelungene Überraschung für Gäste, die Clafoutis schon kennen. Außerdem verfeinert der Chambord, ein französischer Likör aus Himbeeren, Brombeeren und Honig, die Sahnecreme.

ZUTATEN

FÜR 4 PERSONEN

250 g süßer Mürbeteig (s. S. 15)
250 g frische Himbeeren, ungewaschen
175 g Zucker
4 Eier
1/4 l Clotted Cream oder Sahne mit 45% Fettanteil
2 1/2 EL Chambord

Den Mürbeteigboden nach Rezeptanleitung blindbacken (s. S. 14). Die Himbeeren auf dem Boden verteilen.

Zucker und Eier verschlagen. Sahne und Chambord unterrühren. Diese Mischung über die Himbeeren gießen und bei 180 °C im Ofen 20–30 Min. backen.

Register

I

J

K

Danksagung

Gutes Essen beginnt mit guten Zutaten. Meine Erfahrungen und mein Ansatz haben die Grundzutaten zu diesem Buch geliefert, wunderbar ergänzt wurden sie durch die großzügige Hilfe, den Rat und die Unterstützung meiner Freunde Jennifer Decorte und James Morris.

Bildnachweis

Alle Foodfotgrafien, soweit nicht anders vermerkt, sind von Gareth Morgans.

Getty Images
Auf den Seiten (Petersilie, Brot und Thymian),
11, 19, 20, 35, 44 (Lauch), 128 (Knoblauch)

Stockfood UK
Auf den Seiten 21, 44 (Erbsen), 55, 155

Projektleitung: Anna Stancer
Lektorat: Judy Phillips
Layout: Soapbox
Künstlerische Leitung, Fotografie: Richard Dewing
Redaktion: Eleanor Gaspark
Register: Ruth Pincoe
Lithografie, Druck und Weiterverarbeitung: SNP Leefung, China

Produziert von Madison Press Books
Diana Sullada, künstlerische Leitung
Susan Barrable, Vizepräsidentin, Finanzen und Produktion
Alison Maclean, stellvertretende Verlegerin
Oliver Salzmann, Präsident und Verleger

Übersetzung: Martina Höppner, Rödermark

Satz: posi.tiff Dienstleistungen GmbH, Frankfurt/Main

Lektorat: Christine Rubick, Deidesheim

Herstellung: Tatjana Beimler, Neustadt/Wstr.